中村こずえの
今夜、
何食べたい?!

はじめに

「ねぇ、今夜、何食べたい?!」

キッチンを預かる者の誰もが
一度は口にしたことのあるセリフでしょう。
「え〜…何でもいいよ」
この返事を聞いたことも多いはず。
ならば、自分の作りたいものを作っちゃおう!
こうして、「ほのぼのワイド」の
「今夜、何食べたい?!」(略して「何食べ」)は始まりました。
私が夫にそう尋ねるとき、
さらに、今作れるものを4つくらい並べます。
夫がその中から例えばAを選ぶと、私は、
「Bの方が良くない?」と、自分が作りたい方を言うので、彼は苦笑して、「うん、Bが食べたいかな」と。
ね?!　だから自分の食べたいものを作っても大丈夫！
仕事を終えて、帰り道にササッと買い物をし、キッチンへ。
食事開始までおよそ一時間半。そんなあなたへ、
「簡単・テキトー・安い・早い・うまい！」の
「何食べレシピ」を贈ります。
なお、「テキトー」なので、材料や調味料の分量が
くわしく書かれていないレシピが多くあります。
それぞれの家の好きな「甘じょっぱさ」や「濃さ」があると思うので。
お料理がまったくの初心者さんは、
分量の加減に戸惑うかもしれません。
でも、失敗してもくじけずに、
自分の味を見つけてもらえたらうれしいです。

中村こずえ

〈目次〉

丼もの

野菜のおかず

肉のおかず

魚介のおかず

卵&豆腐のおかず

早わざ一品料理

ご飯もの

麺類&パン

鍋もの

スイーツ

本書をご活用いただく前に…

●小さじ1は5mℓ（cc）、大さじ1は15mℓ（cc）、1カップは200mℓ（cc）です。

●分量表記にある「適量」の表示は、各ご家庭ごとのお好みの甘さやしょっぱさ、辛さなどに応じて、調整してください。

●材料が何人分かを表記しにくい料理については、特に人数を記載していません。各ご家庭で食べる分量に応じて調整してください。

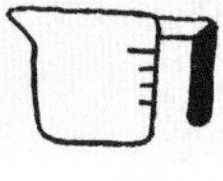

丼もの

実は私、「丼もの」が大大大好き！ 具の汁がご飯に染みたあたりが、たまりません。あなたもそう？じゃ、立派な「ドンブラー」ですね。

じゃこふりかけをイメージして
開発した静岡らしい丼

釜揚げシラス丼

Part2

材料〈1人分〉

ご飯 ……………… 食べたい量
釜揚げシラス …………… 適量
野沢菜 …………………… 適量
白ごま …………………… 少々
わかめ …………………… 適量
カツオだしの素 ………… 少々
卵黄（お好みで）………… 1個
刻みのり・しそ・かいわれ大根・
　おくらなど …………… 適量

作り方

❶野沢菜は細かく刻み、水気を絞る。わかめは塩抜きし、水気を絞って食べやすく切り、軽くごま油をまぶす。

❷ボウルに釜揚げシラス、野沢菜、白ごまを入れて混ぜる。この時カツオだしの素を湯（少々）で溶いて混ぜるとしっとりする。

❸ご飯を丼によそい、刻みのりを敷き、真ん中に②をのせる。横に①のわかめ、刻んだしそ、かいわれ大根、好みで卵黄をのせて出来上がり。

Kozue's advice

シラスの適量は静岡県民とそれ以外では相当違うらしいですね。迷わずタップリどうぞ！ みりん・しょうゆ・わさび（分量外）を混ぜた特製ダレを回しかけ、スプーンでぐちゃぐちゃにして食べるとおいしいですよ♪

息子たちも大好きな
とっておきの丼レシピ

鶏てり丼

材料〈2人分〉

鶏もも肉	1枚
しめじ	1パック
トッピング用(刻みのり・白ごま・かいわれ大根やわけぎなど緑のもの)	お好みの量
バター	10〜15g
にんにく	適量
A しょうゆ・酒 みりん・砂糖 うま味調味料	適量
サラダ油	適量

作り方

1. ボウルにAを混ぜ、とろんとした甘じょっぱい感じにしておく（残ったら他の煮物に使ってもOK)。にんにくはスライス、しめじは1本ずつほぐす。鶏肉はそぎ切りにする。
2. フライパンに油をひき、にんにくを入れて加熱する。にんにくの色が変わったらフライパンから取り出しておく。
3. にんにくの香りがついた油をそのまま使い、フライパンで、鶏肉は皮を下にして焦げ目が付くくらい焼く（しめじも一緒に)。鶏肉を両面焼いたら、Aを入れ、焦がさないようにしばらく火を通す。程よく火が通ったら鶏肉を取り出し、丼に盛ったご飯の上にのせる。
4. フライパンに残ったしめじとタレの中にバターを加え、照り焼きダレを仕上げる。弱火で少し煮るととろみが出てくるので、トローンとなってきたら火を止め、しめじとタレを鶏肉の上からかける。②のにんにくやトッピング材料をのせて完成。

Kozue's advice

とあるお店の「ステーキ丼」をアレンジした私のオリジナルレシピ。息子たちの大好物で、わが家の定番でもある料理です。刻みのりは、丼のご飯の上全体にかけて、その上に、鶏肉・しめじ・にんにくなどをのせてもおいしいですよ。

Wイカ丼

イカが大好きな私が編み出した
2階建てのイカ丼。ぜひお試しあれ♪

材料〈2人分〉

	スルメイカ	1杯
	ご飯	食べたい分
	しそ	2枚
A	しょうゆ	適量
	みりん	少々
	わさび（お好みで）	適量
	七味唐辛子	少々
	刻みのり	適量
	白ごま	適量

作り方

1. スルメイカは胴とげそ・ワタ部分を分けたら、胴の皮をはがす。エンペラを本体からはがし、そのはがれた辺りから皮をむく（捨てていい清潔な布を使ってむくと簡単にはがれる）。
2. 胴に残った軟骨を取り除き流水で洗う。半分に切った後で細く刺身状に切り、Aを溶いた液に15分ほど漬ける。
3. げその吸盤を取り、足をばらして長さ4～5㎝に切る。
4. フライパンに油をひき、③を投入。そこにイカワタを絞り入れ（墨袋は外す）、しょうゆ少々（分量外）、七味唐辛子少々を加えてサッと炒める。
5. 丼にご飯を軽くよそい、上に④のげそ炒め、その上にさらにご飯、最後に②のイカ刺し漬けをのせ、しそを添える。刻みのり、白ごまなどをトッピングする。

Kozue's advice

スルメイカは魚屋さんで皮をむいてもらえるのならお願いしちゃいましょう！ ただしワタは絶対ぜ～ったい持ち帰ってね♪イカを炒める時は炒め過ぎないように。

イワシの蒲焼き丼

イワシの栄養、丸ごと召し上がれ！
甘じょっぱいタレがおいしい丼

材料〈1人分〉

ご飯	食べたい分
イワシ	2尾
しょうゆ	少々
酒	少々
片栗粉	適量
しょうが	少々
A 酒 みりん 砂糖 しょうゆ うま味調味料	適量（甘さの勝つ甘じょっぱい味に）

作り方

1. イワシの頭と中骨を取り、しっぽだけ付けて開く。生臭さを取るため、イワシを酢水でさっと洗っておく。
2. 蒲焼きのタレを作る。Aの材料を小鍋に入れ、軽く煮詰めておく。
3. しょうゆを酒で薄めて、イワシの両面に軽く付ける。イワシに片栗粉をまぶし180度の油（分量外）で揚げる。
4. 丼にご飯を盛り、その上に揚げたイワシをのせ、②をかけ、しょうがの千切りをトッピングする。

Kozue's advice

リスナーのカサブランカさんから教えてもらった丼です。イワシは、開いて冷凍してあるものも売っています。それなら②から始めればOK！ Aは蒲焼きのタレでも代用可です。

いつもとは違うシラスの食べ方で
夏バテ気味の体に栄養を！

シャキシャキ さっぱりシラス丼

材料〈1人分〉

ご飯……………… 食べたい分
釜揚げシラス………… たっぷり
梅干し（または練り梅）…… 適量
きゅうり（千切り）………… 適量
しそ・白ごま・刻みのり・
　かいわれ大根………… 少々

作り方

❶梅干しは種を取り除き、梅肉をたたいておく。きゅうりは千切りに、しそは細かく切る。

❷温かいご飯に、①のしそと白ごまを混ぜる。丼に食べたい分だけごましそご飯を盛り、刻みのりをのせる。

❸たたいた梅干しを釜揚げシラスに混ぜておき、これを丼の中央にのせる。シラスの周りをきゅうりの千切りでぐるっと囲み、かいわれ大根をのせる。

Kozue's advice

わさびを溶いたしょうゆを少々たらして、スプーンで豪快に食べましょ～♪しそ＆白ごま混ぜご飯は、他にも応用がききそうでしょ？

なす丼

なすしか使っていないのに美味！
お財布にもやさしい一品

材料〈2人分〉

ご飯		食べたい分
なす		2本
A	砂糖	大さじ3
	しょうゆ	大さじ3
	みりん	大さじ1
	うま味調味料	少々
白ごま・みつ葉・みょうが・刻みのり・しそ		少々

作り方

1. なすを1cm角くらいのサイコロ状に切る。
2. フライパンに油（分量外）をひき、なすを炒める。しばらく炒めたら、甘じょっぱく仕上げたAを加えて煮詰める。
3. ご飯に白ごま、細かく切ったみつ葉を混ぜておく。丼にご飯をよそい、みょうがと刻みのり、②をのせてしそと白ごまを仕上げに添える。

Kozue's advice

リスナーのコロコロクリリンさんのレシピです。みょうがやしそは、お好みで加減してくださいね。

ご飯のほかに冷やしうどんなど
麺にのせてもおいしい

和風麻婆なす丼

材料〈1人分〉

ご飯	食べたい分
なす	1〜2本
豚ひき肉	適量（少なめでOK）
しょうが	1片
塩・こしょう	適量
トッピング用（しそ・みょうが・かいわれ大根など）	適量
水溶き片栗粉	適量
A 水、酒、みりん、しょうゆ、砂糖、かつおだしの素	適量

Kozue's advice

②の段階で、お好みで中華スープの素を加えると、より深い味わいになります。辛くしたい方は、ラー油や一味唐辛子をかけて召し上がれ〜。たくさんのリスナーさんが作ってくれました。

作り方

1. フライパンに油（分量外）をひき、細切りにしたしょうがを炒める。香りが出てきたら豚ひき肉を加えてポロポロに炒め、塩・こしょうをふる。そこに、縦に細く切ったなすも加えて、軽く塩・こしょうをふる。
2. ①にAを入れて味見し、甘さが勝つ甘じょっぱさにする。火にかけてなすがくったりしてくるまで煮込む（写真）。

水溶き片栗粉を加えてとろみをつけ、仕上げにごま油を回し入れて火を止める。
3. 丼にご飯をよそい、②をたっぷりのせ、お好みでしそ、みょうが、かいわれ大根などをのせる。

イクラ丼

旬の「生すじこ」を見つけたら必ず作る丼。北海道気分を食卓で！

作り方

1. まず、生すじこをイクラにする。ボウルか鍋に70〜80度の湯を入れ、その中に生すじこを入れる。30秒くらいしたら、すじこを包んでいる薄皮を箸でつまみ、ゆさゆさ揺する。ポロポロと取れてきたイクラをザルに上げ、水気を切る。
2. 空きビンにイクラとAを入れる（しょうゆ対日本酒は1対1くらい。イクラより少し多めに）。フタをして優しくビンをゆすって混ぜる。
3. 冷蔵庫で②を丸1日寝かす。丼にご飯（酢飯でも可）をよそい、その上に刻みのりをのせ、イクラを盛る。わさびを添えて完成。

材料

生すじこ		1人80〜100g
A	しょうゆ	同量ずつ
	日本酒	同量ずつ
	うま味調味料	少々
刻みのり・わさび		適量
ご飯		食べたい分

Kozue's advice

ミュージシャンのつのだ☆ひろさんに教えてもらったレシピです。生すじこのしょうゆ漬けは日持ちがするので多めに作っておき、サラダやちらし寿司など他の料理のトッピングに使いましょう!

甘じょっぱい鶏そぼろと卵がやさしい味わい

鶏そぼろの三色丼

材料〈3～4人分〉

ご飯……………… 食べたい分
鶏ひき肉………… 150～200g
しいたけ（あれば）……2～3枚
しょうが……………………少々
卵 ……………………2～3個
絹さや（またはいんげん、
グリーンピースなど）……適量

A
水
酒
みりん
しょうゆ
砂糖
…………適量

作り方

1. しいたけとしょうがをみじん切りにする。鍋に鶏ひき肉と一緒に入れてAを加え、濃い目の甘じょっぱい感じに味付けする。アクを取りながら、肉に味が付くまで煮る（つゆだくでOK）。

2. 溶き卵にうま味調味料（分量外）と塩、砂糖を少々入れる（しょうゆを使わないほうが色がきれい）。さいばしを4～5本使って（写真）細かい炒り卵を作る。絹さやなど緑のものはサッと塩ゆでし、水で冷まして細く切る（グリーンピースの缶詰はそのままで）。

3. 丼にご飯を盛り、お好みの量ずつ具を盛り付ける。

Kozue's advice

鍋に残った煮汁を少し上にかけてもおいしいです。刻みのりや紅しょうがはお好みで飾ってね。アツアツを召し上がるもよし、お弁当にもGood!

残し刺身の漬け丼

昔通った飲み屋のメニューをヒントに。
このためにわざと刺身を残したくなる丼

材料〈1人分〉

刺身（ハマチやマグロなど）
…………………… 食べたい分
ご飯……………… 食べたい分
刻みのり……………… 多めに
きゅうり……………… 少々
トッピング用（みょうが・しそ・かいわれ大根・白ごま）… 適量

A
- 酒
- みりん
- しょうゆ
- うま味調味料

…… 適量

作り方

1. 刺身を密封容器に入れ、その中にAを加えて、冷蔵庫で容器の上下をひっくり返しながら1時間くらい置いておく。
2. 丼に食べたい分だけご飯をよそい、刻みのりをたっぷりと敷き、①を上手に並べる。上にきゅうりの細切り、みょうがのスライス、刻んだしそ、かいわれ大根など香味野菜をたっぷり散らす。

Kozue's advice

お刺身が残ってしまったり安売りしている時に、ぜひ作ってみてください。酢飯だと冷めてもおいしいですよ。

笑ったり、怒ったり、時には一緒に涙したり。毎日届くリスナーさんの声が、元気の源です。

朝イチの新幹線でSBSのスタジオに入ると、もう何通かFAXやメールが届いています。

目を通してから、本日の打ち合わせ、進行の確認。私がオープニングで何を話したいか、でオープニングナンバーを選曲します。

時には、「一分前！」の声が掛かっているのに、まだ曲が決まらないことも…。けれど、オープニングをどんな「色合い」で始めるかで、その日の流れや、リスナーの方々のメッセージが変わってくるので、大切なこと。

でも時に、一通のメッセージで、まるで魚の群れがパッ！と向きを変えるように、番組の流れが変わることもあります。

生放送は「生きもの」だと思います。うれしいことを分かち合い、悲しいことに共感し、辛いことを励まし、悩んでいることを共にほぐしていく…。そんなメッセージの数々で、ラジオは繋がっています。

人が生きていくためには「笑顔の力」が必要です。もうひとつ。「人と人とのコミュニケーション」も。ラジオがお手伝いします。

私を媒介して、リスナーさん同士が繋がっていく……。

その瞬間が、とても、とても幸せです。

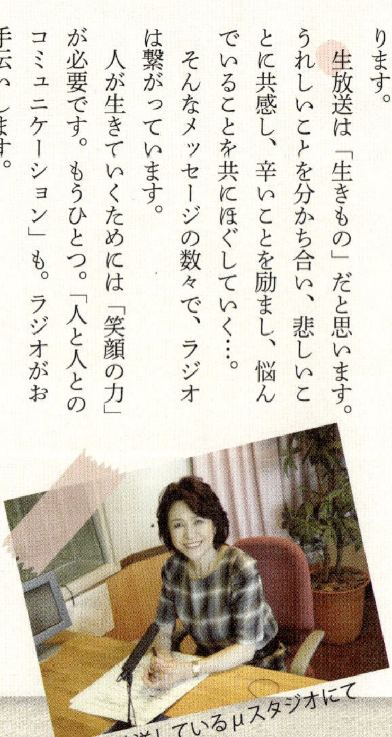

番組を放送しているμスタジオにて

野菜のおかず

冷蔵庫には、いったい何種類
の野菜が入っているのかしら?
八百屋さんには寄らない日が
ないほど仲良しです。野菜はた
くさん食べましょう!

超簡単で優しい味わい
キャベツの色が鮮やかな春レシピ

春キャベツと肉団子の優しいスープ

作り方

❶春キャベツはざく切りにする。鍋に湯を沸かし、酒をトポトポと入れる。

❷肉団子を入れて、アクをすくい取る。

❸キャベツを加えて、塩、うま味調味料で味を調えたら完成。

材料

春キャベツ……………… 適量
酒……………………… 適量
鶏肉団子（冷凍でも可）
………………… 1人2〜4個
塩……………………… 少々
うま味調味料…………… 少々

Kozue's advice

冷凍肉団子が冷凍庫にハンパに残っている時におすすめします。鶏肉の力強さとキャベツの甘味を塩だけで味わってもらえます。塩だけなので、できればいい塩を使ってね。

台所の隅っこで眠っているカニ缶で
とろ～りおいしい卵白和えを

カリフラワーと カニの淡雪

材料〈4～5人分〉

	カリフラワー	1株
	しょうが（千切り）	1片
	カニ缶（フレーク）	1缶
	卵白	2個分
	絹さや	10本
	水溶き片栗粉	適量
A	中華スープの素	適量
A	砂糖	ひとつまみ
A	日本酒	少々

Kozue's advice

さっとゆでた絹さやを最後に加えると彩りがきれいです。淡雪のように、白く仕上げるイメージで盛り付けてみましょうね。

作り方

❶水溶き片栗粉は使う20分ほど前に溶いておく（ダマになりにくくするため）。湯にAを加えて溶かし、濃い目のスープを2カップくらい作っておく（砂糖が入ると味が深くなる）。

❷カリフラワーを一口大に切り、熱湯でさっとゆでる（酢を少し入れると、カリフラワーの白がきれい）。ザルに上げて水気を切る。

❸フライパンに油（分量外）、しょうがの千切りを入れ、②を軽く炒める。軽く塩・こしょう（分量外）をふった後、カニ缶を汁ごと全部と①のスープを入れる（カリフラワーの半分が顔を出すくらいの量）。

❹フツフツとしてきたら、ここで①の水溶き片栗粉を入れてとろみを付ける。その後、卵白をスープのすき間に入れるように流し混ぜる（スープと完全に混ざってしまわないよう、白身の筋ができるように）。仕上げにごま油少々（分量外）をかける。

ゆで汁を使って中華スープも
作れちゃう一石二鳥の料理

チンゲン菜のオイスター和え

材料

チンゲン菜……………… 2株
オイスターソース……… 適量
ごま油…………………… 少々
中華スープの素………… 適量

Kozue's advice
ゆでた後の残り湯も捨てずにスープにして食べちゃいましょう！ スープの具材はお好みでOK。

作り方

1. まずチンゲン菜は、1枚ずつ分ける。スープ用の鍋で湯を沸かし、中華スープの素を少量入れる。沸騰したらチンゲン菜を根元からゆでていく（葉先はさっとでOK）。
2. ゆで上がったチンゲン菜を引き上げる前に、スープの表面にごま油を少々たらす（チンゲン菜がごま油でコーティングされ、良い香りが漂う）。
3. 引き上げたチンゲン菜を皿に盛り、オイスターソースをかけて完成。続いてチンゲン菜とごま油の香りが付いたゆで汁を使ってスープ作り。中華スープの素をさらに加え、好みの野菜、カニかま、きのこなど（すべて分量外）を入れ、塩・こしょうで味を調節。最後に溶き卵を加え、ねぎを散らす。

えのきのシャキシャキ焼き

ホイルで包んで魚焼き器で5分！
お酒のおつまみにもおすすめ

材料〈食べたい分〉

えのき……………… 好きなだけ
オリーブ油……………… 適量
クレイジーソルト………… 適量

作り方

1. えのきは、根元の石づきあたりをザックリ切って、2分の1袋分ずつアルミホイルの上にのせる。
2. 上からオリーブ油をタラタラ～、クレイジーソルトをババババッとかけ、アルミホイルの口を閉じる。
3. 魚焼きコンロで5分ほど焼いて、完成！フライパンで炒めるとクッタリしてしまうえのきを、シャキッ！ と食べられる。

Kozue's advice

オリーブ油とクレイジーソルトの部分は自由にアレンジしてみてください。例えばオリーブ油と塩・こしょう、バターと塩・こしょう、バターとしょうゆなどにしてもおいしいですよ。

茎が空洞になっている中国野菜
シャキシャキの食感を楽しんで

空芯菜のガーリック炒め

材料〈4人分〉

空芯菜 ……………… 2束くらい
にんにく …………………… 2片
塩・こしょう …………… 適量

Kozue's advice

空芯菜がない場合は小松菜でもOK。仕上げにオイスターソースや中華スープの素を少し入れると、さらに味わい深くなります。

作り方

❶にんにくをスライスし、空芯菜は5㎝くらいの長さに切り、葉と茎の部分を分けておく。

❷フライパンに油（分量外）をひいて、にんにくを入れる。香りが出てきたら①の茎をまず入れ、しばらく炒めてから①の葉を入れる。塩・こしょうをふって出来上がり（シャキシャキ感が大事なので手早く）。

嫌われ野菜炒め

大人かどうかの試金石。夏はゴーヤ入りでどうぞ。
あなたはまだ、お子ちゃま？

材料〈2人分〉

セロリ	1本
にんじん	1/3本
ピーマン（カラフルな赤・黄のパプリカでもいい）	少々
キャベツ（甘さを出すため）	適量
ゴーヤ	1/2本
豚こま肉	少々
にんにく	少々
塩・こしょう	適量
中華だし	適量
オイスターソース	適量
しょうゆ	適量
砂糖	ひとつまみ

作り方

1. セロリは食べやすい大きさに、にんじんは短冊切り、ピーマンは種を取り、縦に4〜5切れに切る。ゴーヤは薄切り、キャベツはざく切り、豚肉は一口サイズ、にんにくはみじん切りにする。
2. フライパンに油（分量外）をひき、にんにく、豚肉を炒める。あとは時間のかかりそうなものから手早く炒める（キャベツのすじ→にんじん・セロリ・ゴーヤ→ピーマン・キャベツの葉）。
3. 塩・こしょう、中華のだしをパパッとふり、オイスターソースをタラ〜ッと入れて、砂糖をひとつまみ加えたら、強火で炒める。最後にフライパンのふちからしょうゆを流し込む。大皿に盛り、白ごま（分量外）を散らす。

Kozue's advice

子供が苦手な野菜をたくさん使った野菜炒め。さぁ、好きなだけ食べてちょうだい♪ え!? 食べられない？ お子ちゃまねぇ…。

ほっくり食感の里いもを素朴なあんが引き立てる

里いものひき肉あんかけ

材料〈3～4人分〉

里いも	中5～6個
ひき肉（鶏か豚）	50g
生しいたけ	2～3枚
しょうが（みじん切り）	1片
水溶き片栗粉	適量
A 水・みりん・酒・だし・砂糖	適量

作り方

❶生しいたけは石づきを取り、かさを半分に切って薄切りにする。水溶き片栗粉は早めに水で溶いておく。

❷鍋にAを入れて火にかけ、甘じょっぱいタレを作る。そこにしょうが、ひき肉、しいたけを入れて煮込む（ひき肉が固まらないように、おたまやヘラなどでほぐしながら）。アクは丁寧に取り除く。

❸この辺りで、洗った里いもを皮のままレンジで約2分チンする（チンすると皮がむきやすくなる。細い方からむくとさらに楽！）。むき終わったら適当に輪切りにする。

❹②のタレに水溶き片栗粉を入れてとろみを付け、里いもにかける。

Kozue's advice

里いもが大きい場合は、皮をむいてから塩ゆでしてもOKです。あれば絹さや、みつ葉など（分量外）をのせるとキレイです。

なすの揚げびたし

なすを一袋まるごと使って
常備菜にすると便利なおかず

材料

なす	1袋（4〜5本）
唐辛子	適量
めんつゆ（原液）	適量
しょうが	少々

作り方

1. なすはヘタを取り、縦半分に切って水にさらす。皮側の太い所に斜めクロスの切り込みを入れる。
2. なすの水気を拭いて素揚げし、よく油を切る。荒熱が取れたら密封容器になすを並べ、刻んだ唐辛子とめんつゆをトポトポトポと容器の1/3くらいまで注ぐ。
3. 冷蔵庫で容器の上下をひっくり返しながら冷やし、トッピングにしょうがのせん切りを飾る。

Kozue's advice

多めに作って冷蔵庫に保存しておくと、日持ちもする上に、すぐにビールのおつまみの一品になりますよ。写真のなすは全体に包丁を入れていますが、切れてしまうので太い所だけでもOKです。

甘くて香ばしいカラメル風味と
パリパリ食感が後を引く

パリパリ大学いも

材料

さつまいも	2～3本
揚げ油	適量
砂糖	大さじ2
水	少々
黒ごま	少々

作り方

1. さつまいもは好みの大きさに乱切りにし、油で素揚げする。
2. その間に、小鍋に砂糖と水を入れて火にかけ、カラメルを作る（プリンのカラメルと同じ要領）。
3. カラメルに色が付いてきたら、揚げたさつまいもをすぐに入れて絡める。その後、すぐに黒ごまをまぶし、皿に盛り付ける。

Kozue's advice

リスナーのお茶々さんのレシピ。「失敗作がおいしく感じたので、毎年秋から冬によく作ります」とのことです。コツはさつまいもに火が通るのと、カラメルの出来上がりを同時にすること！ですよ。

しいたけの包み揚げ

シュウマイの皮のパリパリ感と
じゅわ〜とジューシーなひき肉がたまらない！

材料〈2人分〉

生しいたけ ………… 1人3〜5個
鶏ひき肉 ………… 100gくらい
長ねぎ・しょうが（みじん切り）
………… 適量
シュウマイの皮 …………
………… しいたけの数分
塩 ………… 少々
しょうゆ ………… 少々
小麦粉 ………… 適量

作り方

1. 生しいたけは、かさとじくを別々にする。じくのみじん切り、鶏ひき肉、長ねぎ、しょうがをボウルに入れ、つなぎの小麦粉をふり入れてこねる。（お好みで塩、しょうゆなどの調味料を加える）。
2. しいたけのかさの裏側に、つなぎ用の小麦粉をパラパラかける。①の具をスプーン1杯くらい詰め、その上からふちに水をつけたシュウマイの皮で包み込む。
3. ②を油（分量外）で揚げて出来上がり。

Kozue's advice

メインにもなる、ボリューム感のある一品です。辛しじょうゆがおすすめですが、お子さんはケチャップもGood♪

超・簡単！
ささっとできる、もう一品

小松菜と油揚げの炒め煮

材料〈2人分〉

小松菜	半束くらい
油揚げ	1枚
塩・こしょう	少々
酒	適量
めんつゆ（原液）	適量
白ごま	少々

作り方

1. 油揚げは熱湯をかけて油抜きをして、まず半分の幅に切り、短冊切りにする。小松菜は5㎝くらいに切る。
2. フライパンに油（分量外）をひき、強火で小松菜を炒めていく（根に近いほうから投入して、その後葉の方を）。軽く塩・こしょうする。
3. 続いて油揚げを加える。酒をトポッ・めんつゆをトポトポッと入れる。手際よく水気を飛ばしながら強火で炒め、白ごまをふる。

Kozue's advice

小松菜のシャキシャキ感が残るように、加熱したら勢いよく仕上げましょう♪

絹さやと新玉の卵からめ

絹さやの緑と卵の白・黄色がきれい
食卓をカラフルにしましょ♪

材料〈2〜3人分〉

絹さや		たっぷり1袋
新玉ねぎ（大）		1/2個
卵		2〜3個
A	白だし 酒 みりん	適量
	砂糖（お好みで）	少々

作り方

1. 鍋またはフライパンにAを入れて、お好みの甘じょっぱさにしておく。
2. ①に薄切りにした玉ねぎを入れ、中火で加熱する。火が通ったら絹さやをドサッと入れてフタをし、少し煮る。そこへ溶いた卵を回し入れる。
3. 鍋底の方に残っている汁ごとまとめるように、火を強めにして、ヘラなどで手早くざっくりと全体を混ぜる。卵が半熟になったら火を止め、皿に盛る。

Kozue's advice

②で絹さやを煮るときは、煮すぎないように注意してね！ 緑の鮮やかな色を意識してください。

野菜はニラ、赤ピーマン、
モヤシなども大歓迎♪

家族でウレシイ 韓国チヂミ

材料〈食べたい分〉

チヂミの粉 ………………… 市販品の分量どおり
卵 ………… 市販品の分量どおり
豚肉（または牛肉）………… 適量
野菜（ニラ、赤ピーマン、もやしなど）…………… 適量
白菜キムチ（お好みで）…… 適量
ごま油 …………………… 適量

作り方

1. チヂミの粉に水、卵を適量入れて生地を作っておく。野菜、肉、キムチなどの具は細かく刻む。
2. フライパンに油（分量外）をひき、チヂミの生地を流し入れる。その上に①の具を均一にのせる。
3. 両面をこんがり焼いたら、仕上げに周りからごま油をたらして、カリッと焼き上げる。

Kozue's advice

春休み特別企画「こずえの『お昼』何食べたい?!」で紹介したレシピ。
生地は薄めに流す方がパリッと仕上がります。

肉のおかず

たぶん…私は鶏肉が一番好きみたい。鶏肉のレシピがたくさんあって、選ぶのに苦労しました。おいしいし、安いしね!

ナンプラーがきいた
パンチのあるプレート料理

ベトナム風
焼き肉プレート

材料〈4～5人分〉

豚ばら肉	600g
卵	1人1個分
野菜（おくら、もやし、ピーマンなど）	適量
A　ナンプラー	100cc
A　みりん	100cc
A　おろしにんにく	大さじ1
A　おろししょうが	大さじ1
A　はちみつ	大さじ2～3
A　ブラックペッパー	適量

Kozue's advice

ナンプラーの使い方が分からなかったあなたも、これで解決♪ワンプレートで済むので、後片付けも簡単です。にんにくとしょうがはチューブのものでもOKです。

作り方

1. まずAをすべてボウルに入れ、調味料を作る。味見をして甘じょっぱいのがベスト（甘みが足りなければ砂糖を足す）。
2. ①の中に豚ばら肉を入れて練り込む。20～30分程度冷蔵庫で寝かす。
3. その間に焼肉に添える温野菜またはサラダを用意する。
4. フライパンに油（分量外）をひき、②の肉を焼く（少し焦げ目ができるくらいがちょうどいい）。皿にご飯を盛り、その上に焼き肉をのせ、同じフライパンで半熟目玉焼きや野菜を焼き、皿によそう。好みで白ごま（分量外）をふって出来上がり。

しょうがとにんにくたっぷりで
ご飯がすすむ定番おかず。キャベツをたっぷり添えて

わが家特製
豚のスタミナ焼き

材料〈4～5人分〉

豚肩ロース肉（薄切り）
…………………… 食べたい分
刻みキャベツ ………… たっぷり

A
- おろししょうが ……… 2片
- おろしにんにく………… 2片
- うま味調味料
- しょうゆ
- みりん
- 砂糖
- （またはハチミツ）

（うま味調味料～（またはハチミツ））… 適量

Kozue's advice

豚肉は脂身が全体にちりばめられているものがGoodです。焼く時は面倒でも1回ずつフライパンを洗ってから。それがおいしく焼くコツです。写真のように多めに漬けても日持ちがするし、焼肉弁当もおいしいのよ!

作り方

1. 密封容器にAを入れて混ぜる。お好みの加減で、甘じょっぱい感じになればOK。
2. ①に豚肉を漬け込む。1時間ほど漬けたらフライパンに油（分量外）をひき、1枚ずつ広げて焼く（面倒だからと、固まりでまとめて焼かないこと！ 焦げ色がつくとおいしそう）
3. 皿にたっぷりの刻みキャベツを盛り、焼いた肉をキャベツの横にのせる。フライパンに残っている肉汁をキャベツにかけ、マヨネーズも添える。肉に白ごま（分量外）をふる。

春雨ひき肉レタス包み

メタボにならないヘルシー食材
春雨と野菜がたっぷり

材料〈4人分〉

	春雨	1袋
	豚ひき肉（または合びき）	150g
	にんにく	少々
	しょうが	少々
	塩・こしょう	少々
	ごま油	少々
	レタス	1玉
A	しいたけ・にんじん・たけのこ・グリンピース・ピーマンなど	適量
B	水	100cc
	中華スープの素	大さじ2
	酒・みりん	各50cc
	しょうゆ・砂糖・オイスターソース（あれば）	各少々

作り方

1. Aはすべて細かく切る。春雨を湯で戻し、4～5cmに切ってザルに上げ、水気を切っておく。
2. Bを混ぜ、味付け用スープを濃いめに作る。
3. フライパンに油をひき、刻んだにんにく、しょうがとひき肉を入れて炒める。塩・こしょうで味付けをし、①の野菜を加えて炒める。全体に火が通ったら春雨を入れて炒め、最後に②を注ぎ、水気が飛ぶまで炒め、香り付けにごま油を加えて具の完成！レタスを大きめにむき、大皿に盛り付ける。レタスの皿と具材の皿を並べて、出来上がり。

Kozue's advice

にんにくやしょうがはチューブのものでもOK。レタスの上にひき肉をのせて、包んで一気に口の中へ～。中華街の気分を堪能しましょう♪
水気を飛ばすのが面倒な時は、片栗粉をBに加えておいてもOKです。

フライパンで作る、簡単三ツ星レシピ
しっとりと本格的な味が絶品

簡単ローストビーフ

材料〈4～5人分〉

牛ももかたまり肉
（できれば国産牛）
…………… 400gくらい
塩・こしょう…………… 適量
A 酒
しょうゆ
だしの素 …… 各大さじ1

作り方

1. 牛もも肉に塩・こしょうをすり込み、油（分量外）をひいたフライパンで全面焦げ目が付くくらいに焼く。
2. 全面が焼けたら火を止める。フライパンにきっちり合うボウルでドームのようにフタをし15分くらい置いて、余熱でじんわりと熱を加える。時間が経ったら肉を取り出す。
3. 肉を取り出したフライパンに、酒、しょうゆ、だしの素を各大さじ1ずつ入れて煮詰め、ローストビーフのソースを作る。ローストビーフをスライスして盛り付け、このソースと大根おろしなどを添えて出来上がり。

Kozue's advice

リスナーのコロコロクリリンさんのレシピです。フライパンにかぶせるボウルは熱に強いものを用意しましょう。ソースにはお好みで、大根おろしを入れてもおいしいですよ。

火を使わずに短時間で作れるのに豪華に見える一品

鶏ももロール みそソース

材料〈1人分〉

鶏もも肉……小ぶりなら1人1枚
玉ねぎ（スライス）………1/4個
しそ…………………2～3枚
付け合わせの野菜………適量
塩・こしょう（あれば
　ブラックペッパー）……少々
A
みそ
だし汁
豆板醤
みりん
砂糖
…………少々

作り方

❶ Aを全部混ぜ、みそソースを作る。鶏もも肉に軽く塩・こしょうをふり、皮面を上にして、クッキングシートに横長に、平らに置く。

❷ 鶏もも肉にしそを並べ、中心に玉ねぎを横一線にのせ、クッキングシートで手前からのり巻き状にギュッと丸める。シートの両端をキャンディ状にねじって留め、鶏肉部分をたこ糸などで縛る。

❸ レンジで7分ほど加熱した後、鶏肉を輪切りにする。みそソースをかけ、野菜を添えて完成。

Kozue's advice

②のイメージはチャーシューを縛るような感じですが、たこ糸がない場合は、紙ひもや輪ゴムで数カ所留めれば大丈夫です。付け合わせに緑や赤の野菜を添えると彩りが美しいですよ！

SBS社員食堂のメニューを我が家流にアレンジ

牛肉＆豆腐のオイスターソース

材料〈2人分〉

牛こま肉…………100gくらい
木綿豆腐…………………1丁
ゆでたけのこ……………少々
生しいたけ………………2枚
にんにく（みじん切り）……少々
唐辛子（または豆板醤。お好みで）
…………………………少々
塩・こしょう……………少々
中華だしの素……………適量
オイスターソース………適量
ごま油……………………適量

Kozue's advice
オイスターソースと牛肉の相性はもちろん合いますが、豆腐との相性も抜群です!! 仕上げに白ごまやゆでた絹さや（分量外）を添えてもGoodです。

作り方

❶ 豆腐は30分程度水切りをする。豆腐を上から見て横長に置いて、まず横半分に切り、縦に1・5〜2㎝くらいの一口サイズに切る。牛肉は一口サイズに、生しいたけは厚切りにする。

❷ フライパンに油（分量外）をひき、にんにくを入れ、お好みで唐辛子を加え、牛肉を炒める。続いて、たけのこと生しいたけを加えて炒め、軽く塩・こしょうをふる。

❸ ②に豆腐を入れ、崩れないようにフライ返しを使って炒める（薄く焦げ目が付く程度に）。中華だしの素を加え、全体にオイスターソース、仕上げにごま油をタラタラ〜と香り付けにかける。

レバーステーキ

鉄分もたっぷり補給できて
レバーが苦手な人も好きになる!?

材料

	豚レバー	食べる分だけ
	片栗粉	適量
A	おろしにんにく	1片
A	おろししょうが	1片
A	しょうゆ・酒・みりん	適量
A	砂糖	少々

作り方

1. レバーを厚さ1cm、大きさは携帯電話くらいのサイズに切る。ボウルにレバーと、ひたひたになるくらいの牛乳（分量外）を入れ、30分漬けて血抜きをする。その後ザルに上げ、レバーを水洗いする。
2. 血抜きの間に、密封容器にAを入れて混ぜる。①のレバーを漬け、冷蔵庫で30分～数時間寝かす（時間はお好みで調整を）。
3. レバーを取り出し、片栗粉をまぶして、油少々（分量外）をひいたフライパンで焼く。

Kozue's advice

ポイントは、焼きすぎないことです！ レバーはミディアムレアに焼くと、ご年配の方も食べられますよ。

おうちで簡単に作れちゃう
本格的なインド料理

タンドリーチキン

材料〈2人分〉

鶏もも肉 ……… 1パック（400g）
プレーンヨーグルト（無糖）
……………………… 100g
玉ねぎ ………………… 1/2個
カレー粉 ………… 大さじ1〜3
塩 …………………… 小さじ1
野菜（ブロッコリー、レタス、
トマトなど）…………… 適量

作り方

❶ 鶏もも肉を大きめの一口大に切る。玉ねぎはすりおろしておく。

❷ ボウルにヨーグルト、カレー粉（好みで量は調整）、塩、①の玉ねぎのすりおろしを混ぜ、①の鶏もも肉を漬け込む（写真）。冷蔵庫に小1時間入れて、味をなじませる。

❸ フライパンに油（分量外）をひき、鶏肉だけを取り出して焼く。両面焼いたら、最後に②のタレを加え、全体にからめる。野菜と一緒に皿に盛り、出来上がり。

Kozue's advice

リスナーのコロコロクリリンさんのレシピです。「何食べレシピコンテスト」で紹介した簡単肉料理です。

韓国風だけど辛くない！
短時間で作れる手軽さがいい

韓国風ハンバーグ

作り方

❶長ねぎの半分をみじん切り、残り半分を白髪ねぎにして冷水にさらしておく。Aの調味料を合わせる。

❷大きめのボウルに、合びき肉、長ねぎのみじん切り、小麦粉、①のAを入れて混ぜる。粘りが出てきたら1人分ずつ丸めてオーブンかフライパンで中火で焼く（フライパンの場合、油を入れすぎないように）。両面がきつね色になったらOK。

❸タレを作る。鍋にBを入れ、甘じょっぱい味にして火にかける。ふつふつしたら火を止め、香り付けにごま油（分量外）を少したらす。ハンバーグにかけ、白髪ねぎをのせる。

材料〈4人分〉

	合びき肉	500g
	長ねぎ	1～2本
	小麦粉	大さじ4
	●韓国風の典型的な味付け	
A	しょうゆ	大さじ2
A	砂糖	大さじ1
A	おろしにんにく	大さじ1/2
A	おろししょうが	大さじ1
A	ごま油	大さじ1
A	白ごま	大さじ2～3
A	塩・こしょう	少々
A	うま味調味料	少々
B	しょうゆ 砂糖 みりん	適量

Kozue's advice

タレにはお好みで、大根おろしを入れてもおいしいですよ。付け合わせの野菜はブロッコリーやピーマンなどお好みでどうぞ!

「とびっきりおいしい玉ねぎ料理を！」というリクエストにお応えします

鶏肉と玉ねぎのガーリックしょうゆ味

材料〈4人分〉

	鶏もも肉	2〜3枚
	玉ねぎ	3〜4個
	ぶなしめじ	1パック
	にんにくしょうゆ	適量
	塩・こしょう	少々
	パセリなど	少々
A	赤ワイン	50〜100cc
A	コンソメスープの素	1個
A	ローリエの葉	1〜2枚
A	砂糖	ひとつまみ

作り方

1. 鶏もも肉は、塩・こしょうを両面にふって、1枚を5つくらいに大きく切り分ける。フライパンに少量の油（分量外）をひき、皮側から焼く。両面がこんがり焼ければOK。
2. ①を鍋に入れ、ひたひたに水を入れる（鶏肉を焼いたフライパンは、この後も使うので洗わずに）。
3. 玉ねぎを大きく約6等分のくし型に切り、②のフライパンでしめじと炒める。
4. ③を②の鍋に加え、Aを入れて弱火で30〜40分煮込む。玉ねぎがクタクタになってきたら　にんにくしょうゆを少しずつ入れていき、好みの味になったら、仕上げに10分間煮込む。大きな器に盛り付けて、パセリなど緑のものを添える。

Kozue's advice

「にんにくしょうゆ」は、皮をむいたにんにくをビンに詰め、しょうゆでひたひたにしておくだけ。5日〜1週間後から調味料として使えて便利です。にんにくは、そのまま食べてももちろんOKで、他の料理にも使えます。

油《ユー》淋《リン》鶏《チー》

刻んだねぎをた〜っぷり入れて
酢じょうゆダレが絶品の中華料理

材料〈3〜4人分〉

鶏もも肉	2枚
レタス・きゅうり・トマト	適量
万能ねぎ	適量
紹興酒（なければ日本酒）	大さじ2
しょうゆ	大さじ2
A しょうゆ、酢	同量ずつ（各50ccくらい）
A 砂糖、酒	適量
A 赤唐辛子（細切り）	少々

作り方

1. 鶏もも肉を半分に切り、皮は切り落とさずに身の方に切れ目を入れる（味がしみやすくなり、2度揚げしないですむため）。
2. 紹興酒としょうゆを1対1の割合で混ぜて①にふりかけ、10〜15分ほど置く。
3. レタスなど野菜を刻み、皿に盛る。万能ねぎは小口切りにしておく。Aを混ぜ、ピリ辛で甘じょっぱいタレを作る。
4. ②に片栗粉（分量外）を隙間なくまぶし、約180度の油でひっくり返しながら揚げる。1分強たったら火を弱め、3〜4分揚げて中まで火を通す。仕上げに再び強火にし、きつね色に揚げる。油を切り、切れ目のところで切り離して野菜の上に置く。万能ねぎとタレをかける。

Kozue's advice

③の甘じょっぱいタレは、すし酢にしょうゆを加えたものでもOK！　熱々の鶏肉をシャキシャキ野菜と一緒に食べればスタミナ満点です。

マスタードのプチプチ感と
エリンギの食感がアクセント

鶏肉とエリンギの粒マスタード炒め

材料

鶏もも肉 …………………… 適量
エリンギ …………………… 適量
粒マスタード………………… 適量
塩・こしょう
（またはクレイジーソルト）
…………………… 少々

作り方

❶鶏もも肉は一口大に切り、エリンギは好みの大きさに切る。

❷フライパンに油（分量外）をひき、鶏もも肉を皮から焼いていく。火が通ってきたらエリンギも一緒に炒める。

❸塩・こしょう（またはクレイジーソルト）で軽く味付けをする。粒マスタードをスプーンでボタッと全体が黄色みがかるくらいの量入れて、少々炒める。

Kozue's advice

冷蔵庫に眠っている粒マスタードを使い切ってしまいましょう！ 辛いのが苦手なあなたも大丈夫！ 加熱すると辛さが抜けて、お子さんでもおいしく食べられます。

鶏むね肉の粉チーズ焼き

ファストフード好きの小中高生にも大好評の一品です♪

材料〈2人分〉

鶏むね肉	食べたい分
溶き卵	適量
パン粉	適量
粉チーズ	適量
小麦粉	少々
塩・こしょう	少々
おろしにんにく（チューブやガーリックパウダーでもOK）	少々

作り方

1. 鶏むね肉を平らに広げる。厚い部分には包丁を入れ、厚みを均一にし、フォークで皮をつついて穴を少しあける。塩・こしょう、にんにくを少し塗り付け、2〜3つに切り分ける。
2. ボウルに、パン粉3対粉チーズ1の割合で混ぜておく。
3. 鶏むね肉に、小麦粉→溶き卵→粉チーズ入りパン粉を、この順番で付ける。
4. フライパンに油（分量外）と、同量のバターを熱し、鶏肉を投入。中火で両面をきつね色に焼いたら弱火にし、中まで火をよく通す。

Kozue's advice

カロリー低めに仕上げるために、ぜひ鶏むね肉で作ってみてね！お好みでケチャップやデミグラスソース、マスタードで召し上がれ〜♪

こずえのほのぼのエッセイ②

新聞で見つけた料理をヒントに
自分流にアレンジ。
指揮者になったつもりで
あなただけの味を見つけてね。

局アナだった頃、新聞各紙をコピーして切り抜き、ファイルすることも、報道のアナウンサーの大事な仕事でした。

先輩が印を付けた記事。その何が重大なのか、コピーしながらザッと読めるので、勉強のチャンス！「政治・経済」「事件・事故」「スポーツ・音楽」などなど。「新人じゃあるまいし、なんでこんな雑用を？」と思ったらそれまでですね。

そんな中、各紙に「料理」のコーナーがあるので、自分の資料用の記事と併せて料理のコーナーもコピーし、自分のファイルを作っていました。

私がコピーする条件は―。

●材料が簡単に入手できそう
●比較的ローカロリー
●短時間でできそう

作ってみたら、手間の割にイマイチ、というものは二度と食卓に登場しません。さらに、レシピを見て作りながらもレシピにはない何かを加えてみたり、自分のやり易いように手順を変えてみたり….

すべての仕事に共通するかと思いますが、最初はマネに始まり、徐々に自分の色を加えて自分のものにしていく―。料理人は、オーケストラの指揮者のようなもの。ここを強調し、この音は控えめに….

さぁ、あなただけの「音・味」を始めてみてね。

「おいしい笑顔」が、「観客の拍手」です！

今も大切にしているスクラップたち

魚介のおかず

「好きな魚料理は？」と尋ねられたら、「サバ・サンマ・イワシ・サケの塩焼き」「イカ刺し」かも。それ以外のおいしいものたちです!

イカのワタ焼き

お茶漬けやご飯に合うだけでなく
おつまみにもピッタリ

材料〈2人分〉

スルメイカのげそとワタ……
……………………………2杯分
塩・こしょう ………………少々
しょうゆ（またはみそ）…… 少々
バター（またはオリーブ油）
……………………………少々
万能ねぎ ………………… 少々

Kozue's advice

イカワタが大好きな私からワタの活用法を１つ。ワタに塩を強めにふってラップにくるみ、冷蔵庫で一晩寝かせます。翌朝、アツアツのご飯にかけるだけで、おいしいワタご飯の完成です。ワタが余ったときにぜひお試しあれ。

作り方

❶げそとワタを切り離す。げそは吸盤を取り、4～5cmほどの長さに切る。ワタは、墨の部分を取り除く（イカのボディ部分はイカ刺しとして味わってくださいね）。

❷アルミホイルで舟形を作る。舟の中に①のげそを入れ、その上にワタの中身をにゅ～っとしぼり出して入れる。

❸塩・こしょう、しょうゆ、みそ、オリーブ油やバターなど、お好みのものを上からかけ、魚焼き器で5～6分焼いて完成。万能ねぎを散らすと見た目も華やかに。ワタと混ぜながら召し上がれ！

胴に指を入れ骨をはずし、ていねいにワタと足を引き抜く。

目の上あたりに包丁を入れ、足とワタを切り離す。

ワタ袋に付いているスミ袋をそっと取り除く。

アルミホイルの舟にげそを並べ、上からワタをしぼり出す。

ベーコンのうま味がとけたクリームが絶品
簡単なのにおいしくてオシャレ！

タラとほうれん草のカレークリーム煮

材料〈4人分〉

タラの切り身 …… 4切
ほうれん草 …… 1把
ベーコン …… 4枚
オリーブ油 …… 適量
生クリーム …… 1パック
カレー粉 …… 小さじ1
塩・こしょう …… 少々

Kozue's advice

お皿に残ったクリームソースは、パンに付けて食べても絶品です。ぜひ試してみてね♪

作り方

1. ほうれん草はさっとゆで、食べやすい大きさにざくざく切る。ベーコンは適当な大きさに切る。タラの切り身は食べやすい大きさに3等分くらいに切る。
2. フライパンにオリーブ油をひき、ベーコンをカリッとするまで炒めて一旦皿などに取り出す。
3. ②のフライパンに、軽く塩・こしょうをしたタラを入れ、両面焼く。そこにベーコンを戻し入れ、ほうれん草を加え、さらに生クリームを注ぐ。カレー粉をふり、生クリームがふつふつとしてきたら出来上がり。

イカとセロリ炒め

セロリが苦手な息子も完食！
すじは取っても取らなくてもＯＫ

材料〈4人分〉

	セロリ	2〜3本
	イカ（冷凍でOK。肉厚なもの）	1本
	生しいたけ	4〜5枚
	パプリカ（あれば）	1/4個
	しょうが	1片
A	中華スープ	1カップ
A	日本酒	50cc
A	砂糖	小さじ1
A	片栗粉	小さじ1
A	うま味調味料	適量
	塩・こしょう	少々

作り方

1. セロリの茎は厚さ1㎝程度の斜め切り、葉はざく切りにする。しいたけは石づきを取り4等分に切る。パプリカは細切り、しょうがは千切りにする。
2. イカを解凍し、片面に細かく格子状に（斜めにクロスするように）飾り包丁を入れる。2×5㎝程度に切り、ボウルに入れ、酒少々（分量外）をふって15分程度置く。その間にAの調味料を混ぜる。
3. フライパンに油（分量外）をひき、しょうがを炒める。香りが出てきたらイカを加え、塩・こしょうで味付けし、火が通ったら一旦皿に取り出す。
4. 同じフライパンに油（分量外）を少々足し、セロリの茎、しいたけ、パプリカを炒め、最後にセロリの葉を入れて軽く炒め、塩・こしょうする。
5. セロリの茎に火が入ったら③をフライパンに戻し、Aを加える。スープがとろっとしたら完成。

Kozue's advice

辛いのが平気な方は、パプリカのかわりに輪切りの赤唐辛子を入れてもおいしいですよ！

ハーブとにんにくがきいて
イタリアン好きにはたまらない

イワシのガーリックソテー

作り方

❶イワシは頭を取って手開きし、内臓と中骨を取り除いて水洗いする。ペーパータオルなどでイワシの水気をふき取り、平らな容器に並べる。塩・こしょうと白ワイン（または酒）を軽くふり、10分ほど漬ける。にんにくは薄切りにする。

❷フライパンにオリーブ油をひき、弱火でにんにくを炒める。きつね色になったら、一度取り出しておく（後でトッピングに使う）。

❸①のイワシに小麦粉を軽くふる。にんにくを取り出したフライパンに、皮面から焼くようにイワシを並べ、ハーブを上からふる（ない場合は、①の段階で塩・こしょうの代わりにクレイジーソルトをふる）。

❹焦げ目が付くように両面焼いたら、身が上に見えるように皿に盛り、②のにんにくをのせる。周りにトマトやサラダ菜など野菜を添える。

材料〈1人分〉

イワシ ………… 2〜3匹くらい
にんにく ……………… 1〜2片
オリーブ油 ……………… 少々
白ワイン（または酒）……… 少々
野菜（トマト、サラダ菜など）
……………………… 少々
ハーブ………………… 適量

Kozue's advice

ハーブは、オレガノまたはバジル、ローズマリーなどでOKです。なければクレイジーソルトで代用できます。くし形に切ったレモンを添えてもおいしいですよ。

ホタテとウニのオードブル

おもてなしにピッタリの簡単オードブル
コーヒー用ミルクで、よりクリーミーに♪

材料〈食べたい分〉

刺身用ホタテ貝柱 ……………………………… 好きなだけ
ウニの瓶詰め ……… 小さじ3〜4
白ワイン（または酒）……… 少々
コーヒー用ミルク
（もしくは生クリーム）…… 少々
かいわれ大根など ………… 少々

Kozue's advice

白ワインが進む一品です。持ち寄りパーティーの時、ウニソースだけ家で作って持っていけば現場でササッ！と。必ずみんなにほめられます。

作り方

1. ホタテ貝柱1個をそれぞれ2〜3枚にスライスし、皿に並べる。
2. ウニを白ワインか酒で、たらたらになるくらいに溶いてウニソース（写真）を作る。

3. ①の上に②をかける。最後にコーヒー用ミルクをかける。かいわれ大根やパセリ、青ねぎ、しそなど緑のものをのせる。

メカジキの和風ムニエル

にんにくトッピングがおいしい！
我が家のスペシャルメニューのひとつ

作り方

1. まず下味用のタレを作る。ビニール袋か密封容器にしょうゆとみりんを同量、酒、うま味調味料を入れる。そこへメカジキを一晩くらい漬ける。
2. まな板に①の切り身を並べ、上から軽く塩・こしょうと小麦粉をふる。裏面も同様に。
3. フライパンにサラダ油（分量外）を入れ、中火でにんにくスライスを炒める。香りが出て、色付いてきたらにんにくを取り出す（トッピング用）。
4. フライパンで②を中火で片面焼く。こんがりしてきたらひっくり返し、上から酒を少々ふり、ふたをしてしばらく焼く。
5. 両面焼けたら皿に盛り、上に③のにんにくやかいわれ大根を飾る。

材料〈2人分〉

メカジキ（カジキマグロ）…………………………… 2切れ
にんにくスライス………… 適量
かいわれ大根（飾り用）…… 少々
しょうゆ・みりん………… 同量ずつ
酒………………………… 適量
うま味調味料……………… 少々
塩・こしょう（あればクレイジーソルト）……… 少々

Kozue's advice

味がしみこむまで時間がかかるので、前の晩にやっておくと次の日簡単です。ほうれん草や小松菜のソテーなどを添えても緑色が美しいですよ☆

カツオ好きの静岡県民の皆さん！
ちょっと目先を変えた食べ方はいかが？

カツオのイタリアーノ

材料〈4人分〉

炙りカツオのタタキ（または生刺身用）………1匹の1/4本
塩（またはクレイジーソルト）…少々
しそ（細切り）………… 4〜5枚
みつ葉（2〜3cmに切る）…… 適量
かいわれ大根 ……… 1/2パック
みょうが（細切り）……… 1〜2個
※上記の野菜はたっぷり用意した方がおいしい
白髪ねぎ …………………少々
オリーブ油…………… 50cc
にんにくスライス……… 1〜2片
唐辛子 ……………… 細切り
レモン（またはすだち）…… 少々

作り方

1. カツオは刺身状にして塩（またはクレイジーソルト）をふって皿にきれいに並べる。その上にしそ、みつ葉、かいわれ大根、みょうがをたっぷりのせ、その状態でテーブルに運んでおく。
2. フライパンか小鍋にオリーブ油を入れ、にんにくスライスと唐辛子を入れて熱する。にんにくが少し色付いたらアツアツの油を、にんにく、唐辛子と一緒に①にかける。白髪ねぎをのせて、レモンなどをギュッと絞って完成。

Kozue's advice

たたきや刺身は間違いなくおいしいですが、たまにはちょっと目先を変えてみましょう。食欲をそそるにんにくオイルの「ジュッ」という音と一緒にめしあがれ♪

銀ダラの簡単粕漬け

前もって作っておけば帰りが遅い日の晩ご飯に大助かり！

材料〈4〜5人分〉

酒粕		1袋
銀ダラ		4〜5切れ
酒		100cc
みりん		200cc
A	うま味調味料	少々
	塩	大さじ山盛り1
	砂糖	大さじ山盛り1

作り方

1. 銀ダラに塩をふり、30分ほど置く。
2. その間に粕漬けの素を作る。フライパンに酒粕をちぎって入れ、酒とみりんを加え、15分くらいふやかす。弱火で温めながら、木べらでどろどろになるまでかき混ぜ、Aを入れて甘じょっぱい濃い味にする（写真）。

3. ②を冷まし、タッパーに水気をふいた銀ダラと一緒に入れ（写真）、魚全体に粕漬けの素をまぶす。冷蔵庫の中で3日間ほど漬け込んだらOK。

4. フライパンにクッキングシートを敷き、銀ダラを並べ、ふたをして両面焼く。

Kozue's advice

粕は次にサケやサワラを漬けたりして、水気を取り除いて3回くらい使いましょう。焼く時は粕が焦げやすいので、焦がさないように注意してね。クッキングシートを使えばフライパンが汚れません。

白子の酢の物

タラの白子がおいしい季節に
ぜひ、お酒のおつまみに♪

材料

白子…………………… 1パック
ぽん酢…………………… 少々
青ねぎ…………………… 少々
もみじおろし（あれば）…… 適量

作り方

1. 鍋にたっぷりの湯を沸かし、白子を2～3分ゆでる。ゆで上がったらザルに上げ、冷たい水にさらす。
2. ひと口サイズに切って小鉢に盛り、ポン酢を入れ（もみじおろしがあればgood♪）、青ねぎを散らす。

タコねぎ

台湾小皿料理店で
食べた味を再現！
おつまみにピッタリの一品

材料〈2人分〉

ゆでダコ……………… 足1本分
長ねぎ…………………… 1本
ごま油…………………… 少々
塩………………………… 少々
砂糖……………………… 適量
うま味調味料…………… 少々
五香粉（またはガラムマサラか
　カレー粉）…………… 適量

作り方

1. ゆでダコは厚さ3㎜くらいにスライスする。長ねぎは斜め薄切りにする（緑の部分も使う）。
2. ボウルに、ごま油と塩、うま味調味料を各少々、砂糖はもっと少々、五香粉はちょっとだけ入れて混ぜ合わせる。
3. タコと長ねぎを②に入れてあえ、冷蔵庫で冷やす。少し時間をおいて味がしみ、しんなりしてきたら皿に盛る。

卵&豆腐のおかず

脂肪を燃焼させるためには良質なタンパク質が必要です！とか言って、とにかく大好きな食材なの。目の前に出されたら断れません。

カニ玉スペシャル

野菜たっぷりで、見た目も豪華
我が家の〝幻〟のメニュー

材料〈4〜5人分〉

卵	10個
ピーマン	2〜3個
たけのこ	少々
にら	1/2束
もやし	1/2袋
生しいたけ	3個
カニ缶（フレーク）	1缶
塩・こしょう	適量
ごま油	適量
砂糖	ひとつまみ
A 中華スープの素・酒・みりん・砂糖・しょうゆ	全体で1カップ強くらい
A 片栗粉	小さじ2
B しょうが・にんにく・長ねぎの青い部分（各みじん切り）	少々

作り方

❶野菜は適当に切る。

❷ボウルにAをすべて入れ、スープを1カップ強くらい作る。量は酒（トポトポ）、みりん（トポ）、砂糖（少々）、しょうゆ（タラッ）、片栗粉（小さじ2）というくらい。

❸卵をボウルに割りほぐし、カニ缶の半分と汁を入れる。砂糖ひとつまみと塩・こしょうを加える。

❹フライパンに多めの油（分量外）をひき、③を投入。ヘラなどでザックリと炒めるようにまとめ、半熟状態が残るくらいで火を止め、大皿にあける。

❺④のフライパンに油を足し、Bを炒める。香りが出てきたら、①の野菜と残りのカニ缶を加えて炒め、塩・こしょうをふり、②を入れる。とろみが出てきたらごま油をタラッとたらす。このあんを④にのせて出来上がり。

Kozue's advice

わが家は5人家族で卵を13〜15個使います。それぞれ取り皿に食べたい分だけとって召し上がれ〜♪ご飯を多めに炊いておくことをおすすめします。

給料日前じゃなくても食べたくなる
財布にもやさしい料理

給料日前のもやし卵炒め

材料〈2人分〉

もやし …………………… 2袋
溶き卵 ……………… 2〜3個
豚こま切れ肉（またはひき肉）
……………………… 適量
春雨 …… ひとつかみ（湯で戻し、食べやすい長さに切る）
にんじん
にんにく
しょうが
……………… 少々
中華スープの素（またはウェイパー）………… 適量
塩・こしょう ……………… 適量
A 酒
しょうゆ
砂糖
豆板醤
………… 適量

Kozue's advice

白ごまをトッピングして、召し上がれ〜♪ 万能ねぎなどを入れてもいいでしょう。

作り方

1. フライパンに油（分量外）を多めにひき、溶き卵を流し込む。塩・こしょうで軽く味を付け、木べらなどでサックリと炒めボウル等に取り出しておく。春雨は湯で戻し、適当な長さに切る。
2. 同じフライパンでにんにく、しょうがのみじん切りを炒める。豚肉を加え、塩・こしょう、中華スープの素で味付けする。
3. にんじんの細切り、もやしを入れ、さらに炒める。もやしが透明になってきたらAを、酒（トポッ）、しょうゆ（タラッ）、砂糖ほんのひとつまみ、豆板醤少々を入れる。①の卵と春雨を入れ、全体を混ぜる。

とろろ豆腐

白だしの風味とみつ葉がきいて
ふわふわ食感がとっても上品

作り方

❶長いもをすりおろしてフードプロセッサーに入れて混ぜる。そこへ絹豆腐を加えて混ぜ、昆布白だしも加えてさらに混ぜる。

❷耐熱容器に①を入れ、レンジで2分半ほど加熱する（竹串を刺し、中まで固まったかどうか確かめる）。

❸別の耐熱容器にAを入れ、ラップをして、レンジで1分ほど加熱する。そこに水溶き片栗粉を加えてよく混ぜ、ラップをして30秒ほど加熱する。できたあんを②にかけ、みつ葉と、あればゆずの皮の細切りを添える。

材料〈2人分〉

長いも……………………100g
絹豆腐……………………200g
昆布白だし…………小さじ2/3
水溶き片栗粉……………適量
A
水・めんつゆ（原液）……
……盛りそばのつゆくらいの濃さで100cc
むきエビ………………6尾
みつ葉……………………少々
ゆずの皮（あれば）…………少々

Kozue's advice

リスナーのちぃちゃんのレシピです。「普通の茶碗蒸しよりあったまるよ～♪」というメッセージ付きです。料亭で出される一品みたい！

豆腐ステーキ

おかかの香ばしさがきいた
超簡単でアッという間にできる一品

材料〈2人分〉

もめん豆腐 ・・・・・・・・・・・・・ 1～2丁
おかかパック ・・・・・・・・・・・・・・・ 1袋
小麦粉 ・・・・・・・・・・・・・・・・・・・・・ 適量
めんつゆ（原液）・・・・・・・・・・・ 少々
かいわれ大根など ・・・・・・・・・・ 少々

作り方

❶豆腐を約1時間くらい、よく水切りする（パックの上部のフィルムに「コ」の字に包丁を入れ、豆腐同士をのせ合って水切りすると簡単）。

❷豆腐1丁をまず厚さと長さを半分にし、計4切れにする。

❸バットなど平らな容器に小麦粉、かつお節を入れて混ぜ、豆腐全体に衣を付ける感じでまぶす。

❹フライパンで、両面きつね色に焼く。皿にのせ、めんつゆを薄めずにかけ、かいわれ大根などをのせる。

Kozue's advice

衣のおかかが減ってきたら追加してね。おかかが多めの方がおいしいです。

焼き厚揚げ

おつまみはもちろん、「もう一品欲しいなぁ」という時に

作り方

❶厚揚げは熱湯をかけ、まず油抜きをする。その後、半分に切って片面に切れ目を入れる（片仮名の「キ」と切り込む。切れ目なので完全に切ってしまわないように！）長ねぎは斜め薄切りにする。

❷フライパンに少々の油（分量外）をひき、厚揚げを焼く。切れ目を入れた面から焼き目を付ける。フライパンの隅を利用し、長ねぎも一緒に炒める。

❸厚揚げの両面にこんがりと焼き色が付いたら、厚揚げの切れ目部分と長ねぎにめんつゆをジュッとかけて、仕上げ焼きをする。

❹皿にのせ、長ねぎと白ごまをのせる。

材料〈2人分〉

厚揚げ	1枚
長ねぎ	好みの量
白ごま	少々
めんつゆ（原液）	適量

Kozue's advice

長ねぎはたくさんある方がおいしいです。仕上げに白ごまををちょっとふると、見た目がおしゃれに仕上がります。

やさしいカニ風味がたまらな～い
低カロリー・高たんぱくなおかず

豆腐のカニあん

材料〈4人分〉

絹ごし豆腐……………… 3丁

A
- 中華スープ………… 500cc
- 塩………………… 小さじ1
- 砂糖……………… 小さじ1
- しょうがの絞り汁（チューブでもOK）…… 少々
- オイスターソース（あれば）……………… 少々

B
- フレーク状カニ缶（汁も使う）……………………… 1缶
- ブロッコリー ………… 1株
- 生しいたけ…………… 4枚
- えのき……………… 1/2袋

Kozue's advice

この料理では全体的に色を白く仕上げたいので、味付けにしょうゆは使いません。②の湯を沸かす時に、あればだし昆布を入れるとより風味豊かになります。

作り方

1. 先に水溶き片栗粉（分量外）を多めに作っておく。ブロッコリーは熱湯で1分くらい硬ゆでにし、ザルに上げる。生しいたけは好みの薄さに、えのきは2～3cmの長さに切る。
2. 豆腐を温める湯を沸かす。フライパンか鍋にAを入れ、火にかけてあんを作る。温まったらBを加え、①の水溶き片栗粉をかき混ぜながら入れて、とろみをつける。
3. ②で用意した湯に、大きめに切った豆腐をそっと入れて温める（煮すぎないこと。70度くらいに温める程度でOK）。皿に豆腐をそっとのせ、カニあんをかける。盛ったご飯の上にのせてもおいしい。

豆腐ハンバーグ

ヘルシーで栄養も満点！
たくさん作って冷凍しておいても便利

材料〈4人分〉

木綿豆腐（水切りしておく）……………………2丁くらい
鶏ひき肉…………150gくらい
にんじん……………………少々
ひじき（またはきくらげ）…少々
長ねぎ……………………適量
しょうが……………………少々
片栗粉……………………適量
塩・こしょう……………適量
A［酒／みりん／めんつゆ］…………適量
トッピング用（大根おろし・しょうが・からしなど）…適量

作り方

❶ にんじんは短めの細切り、ひじきは短く、長ねぎとしょうがはみじん切りにし、大きめのボウルに入れる。手で握りつぶした豆腐と鶏ひき肉を加え、そこへ塩・こしょう、片栗粉を多めにふって全体を練る。これでハンバーグのたねはOK。

❷ 次にタレを作る。小鍋にAを入れ、やや甘めの味付けにして沸騰させ、水溶き片栗粉（分量外）でとろみをつける。

❸ フライパンに油（分量外）をひき、適当な大きさにしたハンバーグのたねを焼く。両面に焦げ目が付いたら、酒（分量外）を少々ふってフタをする。焼けたら皿にのせ、上から②とトッピングの大根おろしなど（しょうがやからしでもOK）をかける。

Kozue's advice

ひじきやきくらげの黒は、食材をキュッ！と引きしめて高級に見せる効果があると思います。忘れずに入れてね！グリーンピースを入れてもOKです。

チャチャっと完成！
でも絶品♪

早わざ一品料理

なるべく短時間で済ませたい食事の支度。でも「今日、手抜きしたでしょ?」とは思われたくないですよね。短時間でできて簡単だけど、家族のお箸が伸びてくる、おいしい早わざ料理を紹介します。

番組で紹介して大反響！
春キャベツの季節にピッタリ

伝説の踊るおかかキャベツ

作り方

1. キャベツの芯を取り、大きめのざく切りにする（花札サイズが目安）。大きな鍋に湯を沸かす。
2. その間に大きめのボウルにAを入れ、かき混ぜておく。
3. 湯が沸騰したら、キャベツを一気に投入！再度沸騰したら、すぐザルに上げて湯を切り、②のボウルに入れてかき混ぜる。キャベツを皿にのせ、おかかを上からかけて完成!! おかかが踊る、踊る…！

材料

	キャベツ	食べたい分
	おかか	1パック
A	ごま油	適量
A	塩	ひとつまみ
A	砂糖	少々（塩より少なめ）
A	うま味調味料	ひとふり

Kozue's advice

メインディッシュがさびしい時におすすめです♪キャベツのゆで過ぎは厳禁なので気をつけてね。

塩昆布キャベツ

リスナーの赤毛のアンさん直伝！
シャキシャキorしっとりは、お好みで

材料

キャベツ…………食べたい分
塩昆布（細切り）…………適量
ごま油……………………適量

作り方

1. 冷やしたキャベツを食べやすい大きさに切る（手でちぎってもOK）。
2. シャキシャキが好きな人は、ボウルに①と塩昆布を入れ、ごま油をかけ、混ぜて完成！しっとり派は、ビニール袋に①と塩昆布を入れ、口を押さえて袋を振る。塩気が全体に回ったら少し時間をおく。その後、袋の上から軽く押す。ごま油を足して混ぜて完成。

ぎょうざの皮ピザ

リスナーのピチピーチさん直伝！
いろんな味を楽しめる簡単ピザ

材料

ぎょうざの皮……食べたい枚数
ケチャップ（またはピザソース）
……………………適量
ピザ用チーズ……お好みの量
具材（ウインナー・ピーマン・トマト・ナス・コーンなど）
……………………適量

作り方

1. ぎょうざの皮にケチャップまたはピザソースを塗る。
2. ウインナーの輪切りや、荒くみじん切りにした野菜、ピザ用チーズをのせる。
3. ②をフライパンにのせてフタをして、4～5分焼いて出来上がり（ホットプレートを使ってもOK）。

さっぱりした独特の風味が
セロリ好きにはたまらない！

セロリの甘酢漬け

材料

セロリ ……………… 食べたい分
寿司酢 ………………………… 適量

作り方

❶セロリは葉を取り除いて茎を5〜6cmに切り、さらに縦に2〜3本に切る。

❷密封容器に①をぎっしり詰めて（漬け汁を少なく済ませる主婦の知恵です♪）、セロリのすき間に寿司酢をひたひたになるまで流し込む。ふたをぴっちり閉めて冷蔵庫で一晩寝かせれば完成。

Kozue's advice

最初はやや酸味がきつめですが、同じ漬け汁で2回目に漬けると、優しい味を楽しめます。もちろん市販の寿司酢ではなく、お気に入りの酢と塩、砂糖で三杯酢を作ってもOK。あなただけの「セロリの甘酢漬け」になりますよ♪

ピリ辛こんにゃく

何かあと一品ほしいなぁ…
という時に助かる一品

材料〈4人分〉

こんにゃく………………… 1枚
酒・しょうゆ（または
　酒・めんつゆ）……… 適量
おかか…………………… 1袋
たかのつめ（または一味や七味）
……………………… 適量
かいわれ大根など……… 適量

作り方

❶こんにゃくを拍子木切りなど食べやすく切る。からの鍋を火にかけ、その中にこんにゃくを入れて乾煎りする。

❷酒としょうゆ（もしくは、酒とめんつゆ）を入れ、水気があるうちに、たかのつめの細切りを入れる。

❸水気がなくなってきたら火を止め、おかかを入れて混ぜる。皿に盛り、仕上げにかいわれ大根などを添える。

Kozue's advice

写真は拍子木切りではありませんが、どんな形に切っても大丈夫。乾煎りする時に、バリバリ音がするけど驚かないでね。

白ワインに合う！
3〜4分でできる超簡単料理

アサリみそイタ〜リアン

材料〈2人分〉

アサリ………………… 1パック
しょうが（千切り）………… 少々
だし汁…………………… 適量
みそ…………… 大さじ1くらい
オリーブ油……………… 適量

Kozue's advice

トッピングにわけぎなどをのせるとおいしそうに見えます。アサリの砂抜きをする時は、ボウルに海水のしょっぱさと同じくらいの塩水を作り、その中にアサリを入れたザルを一晩浸けておきましょう。

作り方

1. アサリは砂抜きをしておく。小鍋に、だし汁とみそを入れてどろんとした濃いめのみそ汁を作る。
2. 水を切ったアサリを深めの皿にのせ、上からオリーブ油を全体にタラ〜ッと回しかけ、①の濃いめのみそ汁も回しかける。その上にしょうがを散らす。
3. きっちり閉じないようにして、蒸気が逃げる場所を作ってラップをかける。電子レンジでまず3分温め、中を見てみる。アサリの口がパカッと開いたら出来上がり（まだ開いていなかった場合は、さらに1〜2分温める）。

ゴーヤの松前漬け

リスナーのtomatoさん直伝！
こずえ家でも大人気の一品

材料

ゴーヤ	1本
にんじん	半分
刻み昆布	1/2袋
※塩昆布でもOK。その場合しょうゆは少なめに	
スルメ	適量
唐辛子	1本
しょうゆ・みりん・酢	同量ずつ適量
うま味調味料	少々

作り方

1. ゴーヤは2つに割り、種とわたをスプーンで取る。半月切りにして軽く塩をふって混ぜ、15分ほど置く（これで苦味が取れる）。スルメは細切り、にんじんは千切り、唐辛子は種を取り輪切りにする。
2. ①のゴーヤを水ですすいで軽く絞っておく。
3. 大きなボウルに、ゴーヤ、スルメ、にんじん、唐辛子、刻み昆布を入れ、しょうゆ・みりん・酢とうま味調味料を入れて混ぜる。密封容器などに入れ、時々混ぜて冷蔵庫で約2日寝かせば食べられる。

Kozue's advice

夫は「おなかがきれいになる味だね」とほめてくれました。夏の定番の「つき出し」です。

しそみそ

フライパンひとつでできる
おいしいご飯のお供

材料

青じそ……………… 30枚くらい
みりん…………………… 大さじ2
みそ …………… 小さじ山盛り1
砂糖……………………… 大さじ1
白ごま……………………… 適量

作り方

1. 青じそを縦に4つに切り、さらに横に細切りにする。
2. フライパンに油（分量外）をひき、中火で①を炒める。
3. いい香りがしてきたら、みりんとみそ、砂糖を入れ、木べらなどで溶きながら弱火で熱を加えていく。
4. 全体的にとろみが付いたら味見をして、甘みが足りなかったらここで砂糖（分量外）を足す。白ごまをたっぷり加えて混ぜれば完成。

料亭風温やっこ

あくまでも料亭〝風〟ですが
上品な味をおうちで手軽に

材料

絹ごし豆腐（1人用小パックが便利）……… 食べたい分
みつ葉……………………… 適量
ゆずの皮(細切り)………… 少々
白だししょうゆ…………… 適量
わさび……………………… 適量

作り方

1. 豆腐のパックを開けて水を切り、そのままレンジで1分半チンする（これでちょうど中まで食べ頃の温かさになる）。みつ葉は根元ごとサッと5秒ゆでた後、冷水に取り、3cmくらいの長さに切りそろえる。
2. 豆腐を小鉢に移し、上にみつ葉とゆずの皮をのせてわさびを添える。白だししょうゆを上からかける。

かぶの中華風漬け物

春の甘くておいしいかぶでぜひ！
漬ける時間はお好みでどうぞ

材料

かぶ	5〜6個
※葉は水気が出るため少々に	
たかのつめ	適量
しょうゆ	50cc
ごま油	適量
うま味調味料	少々

作り方

1. かぶは水気をふきんなどで拭いて、食べやすい厚さに切って大きめのボウルに入れる。ごま油を回しかけ、全体に薄い膜がはるように混ぜる。
2. 細切りのたかのつめとしょうゆ、うま味調味料を加えて全体にからめ、すべてをタッパーに入れる。タッパーの上下をひっくり返しながら、冷蔵庫で20分くらい置く。

かぶの簡単漬け

リスナーのチェリータイムさん直伝！シンプルでさわやかな
味はおつまみにも

材料

かぶ		5〜6個
ゆずの皮（細切り）		少々
A	塩	大さじ1
	砂糖	ひとつまみ
	うま味調味料	少々

作り方

1. かぶは5mmくらいの厚さに切り、葉も少々、好みのサイズに切る。
2. ボウルに①とAを入れ、全体をよく混ぜ、ゆずの皮の細切りも加える。
3. 密封容器などに全部を入れて、冷蔵庫で冷やす。いい感じに冷えたら出来上がり。

梅じそきゅうりのたたき

さっぱりして簡単！
暑い季節にもぴったり

作り方

1. まな板の上で、きゅうりを擦りこぎで軽くたたく（割れて中の種が見えるくらい）。
2. ①を手で適当なサイズに折り、表面積を増やす。
3. ボウルに梅じそを適量入れ、②を転がしてまんべんなくまぶす。お好みでおかかを混ぜる。

材料

きゅうり	3本程度
チューブの梅じそ	適量
おかか（お好みで）	1/2パック

納豆もやし

昔、友人宅で飲み会をした時に、
友達がチャチャッと
作ってくれたのがコレ

材料

納豆	1パック
もやし	1袋
ほうれん草	半束くらい
おかか	1.5パック

作り方

1. ほうれん草ともやしはさっとゆでて冷水に取る。ほうれん草は3〜4cmに切って水気を絞る。
2. 納豆を包丁で細かく叩く（ひきわり納豆の場合はこの手間が不要）。
3. ボウルに②を入れてよくかき混ぜ、たっぷりネバネバを出す。そこへ①を加えて、さらに混ぜる。納豆の付属のタレと辛子（辛子はさらに追加した方がおいしい！）、おかか1パックを加えて混ぜる。タレが足りなければ、めんつゆ（分量外）を少々加え、器に盛る。残りのおかかを上にかけて完成。

ご飯もの

それぞれのお宅に、自慢のご飯ものがあるかと思いますが、これらも仲間に加えてくださったらうれしいです!

色鮮やかで目と鼻と
口と全部で楽しめる

枝豆となすのキーマカレー

材料

いつものカレールー	適量
枝豆	少々
なす	適量
玉ねぎ	適量
豚ひき肉	適量
水	適量
固形（または粉末）スープの素	適量
ご飯	適量

作り方

1. 枝豆はゆでて、豆をサヤから取り出す。なすは好みの大きさに切る。玉ねぎはみじん切りにする。
2. キーマカレーを作る。玉ねぎのみじん切り、豚ひき肉を炒めて、水を入れる。固形スープまたは粉末スープの素を入れて少々煮た後、カレールーを加えて溶かす。
3. なすをフライパンで炒める（焼きなす風にしてもOK）。
4. 茶碗に盛ったご飯をパカッと皿にのせて、頂上をオタマでトントンと軽く押さえてその上にキーマカレーをかける。なすと枝豆をのせて出来上がり。

Kozue's advice

リスナーの乾電池さんのレシピです。ひき肉が入ったキーマカレーは基本的に、煮込む野菜をみじん切りにし、ポテッとした感じにします。水分は少なめにしましょう。

イカげそ炒飯

安さが魅力のイカげそ
バターしょうゆ味が絶品です

材料〈3〜4人分〉

イカげそ	3〜4杯分
ご飯	適量
にんにく	1片
玉ねぎ	1/2個〜1個
塩・こしょう	適量
バター	少々
しょうゆ	適量
万能ねぎ（またはパセリ）	適量

Kozue's advice

イカげそは唐揚げやオイル焼きが定番の方も多いでしょうが、炒飯にすると立派な一皿になりますね！

作り方

❶油（分量外）をひいたフライパンで、みじん切りにしたにんにくと玉ねぎを炒める。

❷3㎝くらいに切ったイカげそを①に加え、炒める。ここでバターを少々加えて香り付けし、塩・こしょうで味付けをする。

❸②にご飯を加えて（冷やご飯の場合は、事前にレンジでチンしておく）、ジャジャッと炒める。

❹香り付けに鍋肌からしょうゆを少々たらす。大きめの皿に盛り付け、万能ねぎやパセリをのせる。

カツオの手こね寿司

カツオ好きの静岡県民には「知ってるわよ！」と言われちゃう？

材料〈4人分〉

刺身用カツオ	1/4本くらい
A しょうゆ・酒・みりん	各適量（カツオがつかる量）
酢飯	食べたい分
しょうが	1片
みょうが・しそ・白ごま・刻みのり・かいわれ大根	適量

作り方

1. カツオは、刺身より薄めに切る。密封容器にAを入れ、カツオがひたひたにつかるように漬けて冷蔵庫で1時間くらい寝かす。
2. 薄味の酢飯を作り、酢飯の中に白ごまと千切りにしたしょうがの半量、カツオの半量を混ぜて器に盛る。
3. 残りのカツオを②の上にトッピングし、残りのしょうが、みょうが、しそ、白ごま、刻みのり、かいわれ大根などをのせる。

Kozue's advice

温かい白飯で作ってもおいしいですよ。食べ比べてみて、お好みの方をお宅のレシピに！

簡単でつやつや・ホックホク〜！
しかもたけのこの味がしっかり

マイたけのこご飯

材料〈4〜5人分〉

米……………………3〜4合
もち米……………………1合
たけのこ…………好きなだけ
油揚げ……………………1枚
サラダ油…………………少々
トッピング用（かいわれ大根・
絹さやなど）…………… 少々

A
日本酒……………… 100cc
しょうゆ………………
…. ほんの少々（香り付け）
だし昆布（または
昆布だしの素）…… 少々
水…………………… 適量
塩…………………… 適量

Kozue's advice
鶏肉やしいたけなどを加えないことによって、たけのこの味と香りがより楽しめます。炊く時にサラダ油を入れることでご飯に照りが出るので、さらにおいしそうに見えますよ♪

作り方

❶米ともち米は洗ってザルに上げ、水を切っておく。油揚げは熱湯をかけて油抜きをし、縦半分に切った後で細切りに、たけのこは好みの大きさに切る。

❷炊飯器に米ともち米を入れ、Aを加える（目盛りのちょっと手前まで水分を入れる）。味見をして、お吸い物よりも濃い目の塩味にする。

❸たけのこと油揚げを②の上にのせ、サラダ油をかけ、30分ほど置いた後に炊飯器をスイッチON！ 炊き上がったらさっくり混ぜて器によそう。かいわれ大根など緑のものを上に飾る。

ぷっくりとしたカキが何とも贅沢
トッピングはお好みでご自由に

カキの中華風炊き込みご飯

材料〈3～4人分〉

カキ（加熱用）……300～400g
米……3合
しめじ……1パック
だし昆布（または昆布だしの素）……適量
トッピング用（みつ葉・針しょうが・白ごまなど）……少々

A
- 中華スープの素……適量
- 水……適量
- 酒……50cc
- 塩・こしょう……少々

作り方

1. 米は30分前に洗い、ザルで水を切っておく。しめじは洗ってほぐす。カキは塩水で洗って水を切っておく。
2. 鍋にカキと酒（分量外）を入れてフタをし、カキがふっくらするまで強火で酒炒りする。
3. フライパンに油（分量外）を少しひき、①の米としめじを軽く炒める。炒めたら炊飯器にだし昆布を敷き、米としめじを入れる。
4. Aを炊飯器に入れて味付けする（濃いお吸い物くらいの味がベスト）。米と水分の比率が1対1になるように調節し、カキを汁ごと加え、炊飯器のスイッチON! その間に、みつ葉や針しょうがの準備をする。
5. 炊き上がったら器によそい、みつ葉としょうが、白ごまなどを飾る。

Kozue's advice

炊き込みご飯の場合は、小ぶりのカキを使用した方が見栄えもいいですよ！ 針しょうがは、細かく切った後で氷水につけてピン！とさせましょう。

秋の中華おこわ

口いっぱいに秋が広がる一品
アツアツのモチモチを召し上がれ♪

材料〈2人分〉

もち米……………………2合
鶏もも肉（または豚肉）…100g
たけのこ…………好きなだけ
長ねぎ…………………1/2本
干ししいたけ……………2枚
干し桜海老………ひとつまみ
栗（あれば）………3個くらい
ごま油……………………少々

A
鶏がらスープの素……………小さじ1〜2
しょうゆ…………大さじ1
酒…………………大さじ2
砂糖………………小さじ1
塩…………………少々

Kozue's advice

レンジで作るおこわの紹介ですが、炊飯器でも炊けます。肉は豚肉でも代用できますが鶏肉がおすすめ。干ししいたけを戻す時は、ぬるま湯で砂糖ひとつまみを入れて戻すと簡単に戻ります。

作り方

❶作る30分ほど前に、もち米を洗い、ザルに上げておく。干ししいたけも水で戻しておく。鶏もも肉、たけのこ、長ねぎ、しいたけ、栗は1cm角くらいの大きさに切りそろえる。

❷干ししいたけの戻し汁（全部）に水を足し、1と2/3カップくらいにした中にAを加えてよく混ぜ、スープを作る。

❸①の具材を耐熱容器に入れ、ごま油をたらして混ぜる。そこへ①のもち米、干し桜海老を入れ、さらに②を加えて表面を平らにする。

❹フタ（なければ二重にしたラップ）をしてレンジ強で15〜16分。一度出し、底から混ぜてまた平らにしてフタをして8分ほど加熱。その後、まだ水分が残るようなら1分ずつ様子を見ながら加熱する。10分ほど蒸らして出来上がり。

鶏肉としめじのうま味が
しみたご飯がとっても美味

しめじの炊き込みご飯

材料〈4人分〉

	米	3合
	もち米	1合くらい
	鶏もも肉	1枚
	しめじ	1パック
	にんじん	1/2本
	油揚げ	1枚半
	トッピング用（絹さや・白ごま・刻みのりなど）	適量
A	酒	50ccくらい
A	しょうゆ	少々（色付け程度）
A	うま味調味料	少々
A	塩	少々

作り方

1. 米は洗ってザルに上げ、30分ほど水切りする。鶏もも肉は適当な大きさに、しめじは石づきを切り落としてばらばらに、油揚げは油抜きして横に切ってから細切り、にんじんは好みの細さに切る。
2. フライパンに油（分量外）をひき、鶏もも肉を炒める。火が通ったらにんじん→しめじ→油揚げの順に炒める。①の米も加え、軽く炒めて塩・こしょう（分量外）をふる。
3. ②を炊飯器に入れる。水の量は米と同量でOK。Aを混ぜたもの（お吸い物より濃いめの味がポイント）を作り、炊飯器に加えてザッと混ぜる。
4. 炊飯器のスイッチON。炊けたらさっくり混ぜて器によそい、刻みのりや白ごま、ゆでた絹さやをトッピングする。

Kozue's advice

普通ご飯を炊く時は、「水の分量＝米の分量×1.2倍」と計算しますが、炊き込みご飯の場合は野菜やキノコから水分が出るので普通より少なめに、米と同量で十分です。

焼きおにぎり

香ばしいしょうゆ風味がたまらない！
おばあちゃんに教えてあげたい

材料〈2人分〉

ご飯	食べたい分
ちりめんじゃこ	適量
おかか	適量
しょうゆ	適量

作り方

1. ご飯にちりめんじゃこやおかか（両方でもOK）、しょうゆを少々加え、全体を薄茶色のご飯にしておにぎりを作る。
2. 薄く油（分量外）をひいたフライパンに①を並べ、弱火で焼く。両面がきつね色になったら、料理用のハケで表面にしょうゆをぬる。
3. 塗ったしょうゆが乾く程度（ちょっと焦がすくらい）にフライパンの上を転がして出来上がり。

Kozue's advice

焼きおにぎりはフライパンで作ると、絶対に失敗しないし、後片付けも簡単です。

ほっくりとした里いもの食感とモチモチの銀杏が絶品！

里いもの炊き込みご飯

材料〈4人分〉

白米	3合
もち米	1合
里いも	1袋
銀杏	1人5〜6粒
酒	適量
だし昆布	10㎝
塩・黒ごま	少々

作り方

1. 里いもは皮をむき、適当に切って水にさらす。銀杏は殻から出し、2分ほど下ゆで、白米ともち米はサッと洗っておく。
2. 炊飯器に米を入れ、酒をトポトポ、水を分量どおりに入れる。だし昆布と塩を加え、結構濃い目の味にしておく。
3. 里いもを上にのせ、30分以上待ってから炊飯器をスイッチON。炊けたらだし昆布を取り出し、銀杏を混ぜる。器によそい塩と黒ごまを散らす。

受験生の夜食はもちろん、飲んだ後のシメにも

一人分鶏雑炊

材料〈1人分〉

ご飯	茶碗1杯
鶏肉	一口大を4〜5切れ
卵	1個
酒	少々
だしの素	少々
塩	少々
みつ葉	少々
ゆず皮・白ごま	少々

作り方

1. 鍋焼きうどん用の1人用の土鍋に、水を半分より少し多めに入れ、酒、だしの素（市販の塩だしつゆでもOK）、塩を加えて火にかけ、沸騰させる。
2. そこに鶏肉を入れてアクを取る。ご飯を入れ、弱火で5〜7分くらいコトコト煮る。
3. 卵を割り入れ、みつ葉を散らし、ゆず皮と白ごまをのせる。卵を崩さずに食べるか、崩して食べるかはお好みで。

煮込む時間が必要ないから
短時間で完成！

時短
夏野菜カレー

作り方

1. 玉ねぎは薄切り、肉は一口大、ピーマンやパプリカは半分に切って種を取り除き、縦に1.5cm幅くらいに切る。なすは半分に切った後、さらに細長く切って水にさらす。
2. 鍋に油（分量外）をひき、玉ねぎを炒める。ルーの箱に書いてある分量の水を加え、カレーのベースを作る。
3. フライパンで具材を炒める（肉→なす→ピーマン・パプリカの順）。皿にご飯（分量外）を盛り②をかけ、その上に炒めた肉と野菜をのせる。周りにチーズをちらす。

材料〈2人分〉

お好みのカレールー	2人分
玉ねぎ	1/2個
赤・黄パプリカ	各1/4個
ピーマン	1/2個
なす	1/2本
豚肉（または鶏肉）	好きなだけ
とろけるチーズ	適量

シャキシャキレタスが
美味！休日のランチに
出せば家族も大喜び

レタス卵
炒飯

材料〈1人分〉

冷やご飯	食べたい分
卵	1個
レタス	1～2枚
長ねぎ（みじん切り）	大さじ1
塩・こしょう	少々
中華スープの素	少々
しょうゆ	少々

作り方

1. 冷やご飯は、ラップをしないでレンジで温めておく。レタスはちぎる。フライパンに油（分量外）をひき、溶き卵を投入！半熟状態になったらご飯も加え、ほぐすように炒める。塩・こしょう、中華スープの素で味付けする。
2. 長ねぎを入れ、香り付けに鍋肌からしょうゆを少し入れる。最後にレタスを入れ、全体をさっと炒める。

麺類&パン

学校が休みの時のお子さんと一緒のランチに。すぐにできるものばかりなので、仲良しの友達が急に遊びに来た時も大丈夫ね!

具のアレンジは自由にどうぞ！
ここでは基本的なレシピを紹介

広東風あんかけ焼きそば

材料〈4人分〉

焼きそば用の蒸し麺		4玉
あんかけの具（豚肉・小松菜・ゆでたけのこ・しいたけなど）		適量
塩・こしょう		適量
水溶き片栗粉		適量
ごま油		少々
A	水	3カップ
	中華スープの素	大さじ3
	酒	50cc
	砂糖	ひとつまみ
	オイスターソース	少々

作り方

❶作り始める20分前に、水溶き片栗粉を作っておく。Aを混ぜ、濃い目の中華スープを作っておく。あんかけの具は食べやすく切る。

❷蒸し麺をレンジで約1分チンする（ほぐれやすくするため）。フライパンに油（分量外）をひき、蒸し麺をフライパンいっぱいに広げて焼く。片面に焦げ目が付いたらひっくり返して焼き、皿にのせる。

❸フライパンであんかけの具を炒め、軽く塩・こしょうをふり、味付けする。①のスープを注ぎ、水溶き片栗粉で好みのとろみを付ける。香り付けにごま油を入れ、②の上にかける。

Kozue's advice

あんかけの具は、イカ、エビ、ホタテ、白菜、ピーマン、もやし、きくらげなど何を入れてもOKです。ただし、具を入れすぎると、あんがまとまりにくいので、注意してね。

夏バテ防止メニュー
ランチにもディナーにもなる一品

ジャージャー冷や麦

材料〈4人分〉

冷や麦 ………………… 4人分
めんつゆ ……………… 適量
ひき肉（豚でも合びきでもOK）
……………………… 150g
しょうが ………………… 1片
生しいたけ ……………… 3枚
長ねぎ ………………… 15cm
白ごま ………………… 適量

A
赤みそ（なければいつものみそ）…… 大さじ3
みりん ……………… 50cc
酒 ………………… 50cc
砂糖 ……………… 大さじ4
かつおだし ………… 少々

B
きゅうり
みょうが
しそ（あれば）
…… 適量

作り方

❶生しいたけ、長ねぎは細かく切り、しょうがはみじん切り、Bは細切りにする。

❷まず肉みそを作る。フライパンに油（分量外）を少々ひき、しょうがとひき肉を炒める。火が通ったら、生しいたけと長ねぎを入れてさらに炒める。

❸②の中にAを加え、甘じょっぱい味に仕上げる。弱火で、みそがダマにならないようにかき混ぜる。程よく水分が飛んだら、肉みその完成。室温で冷ます（冷蔵庫で冷やすと油が固まるので注意！）。

❹冷や麦をゆで、ゆで上がったら流水でぬめりを取り、氷水で締めて水を切る。皿に盛り、③とBをのせる。冷たくした薄めのめんつゆをかけて白ごまをふって完成。

Kozue's advice

めんつゆは麺がほぐれるくらいの量を（入れすぎ注意！）周囲からそっと流し入れるのがポイントです。うどんで作ってもおいしいですよ。

某有名うどん店でよく食べたメニューをおうちで再現！

サラダうどん

材料〈1人分〉

うどん……………………… 1玉
クリーミーなドレッシング
……………………… 適量
めんつゆ………………… 適量
サラダの具（レタス・きゅうり・トマト・ピーマン・ゆで卵など）
……………………… 適量
トッピング用（かいわれ大根・しそ・みょうがなど）…… 適量

Kozue's advice

さっぱり・シコシコの麺が、夏にうれしい一品。クリーミーなドレッシングは、サウザンアイランド、ごまクリーミー、フレンチドレッシングなどトロッとしたものです。

作り方

1. クリーミーなドレッシングに、薄めためんつゆを少しだけ加える（白っぽさがしっかり残る程度に）。やや甘めに仕上げ、甘みが足りなかったら砂糖（分量外）を加えて混ぜる。
2. たっぷりの湯でうどんをゆで、ゆで上がったらザルに上げる。水道水でぬめりを取り、冷水または氷水が入ったボウルに入れて麺を締める。
3. ちぎったレタスを器にたっぷり敷き、うどんをのせる。その上にサラダの具をのせ、かいわれ大根やしそ、みょうがなどをトッピング。最後に①をたら～っとかけて完成。盛ったうどんの上にのせる。

冷やし明太子うどん

辛いのが苦手な人は明太子の代わりにたらこでもOK

作り方

❶たっぷりの湯でうどんをゆでる。その間に大きなボウルに水と氷（または保冷剤）を入れ、冷水を作っておく。

❷別のボウルに明太子をほぐし入れ、白だしとみりんをたら〜っと加え、混ぜておく。

❸ゆで上がったうどんをザルに上げ、水道水でぬめりを取った後、①の冷水に入れて麺を締める。

❹②に③を入れて混ぜる。皿にしそを1枚敷き、明太子うどんをのせる。細切りにしたしそ、白ごま、刻みのりをトッピングする。

材料〈1人分〉

うどん	1玉
明太子（またはたらこ）	適量
白だし	適量
みりん	適量
しそ	2枚
白ごま、刻みのり	各少々

Kozue's advice

うどんは袋に書いてある「冷たいうどんのゆで時間」を目安に、たっぷりの湯でゆでましょう。

安くて簡単！ちょっと豪華
家で作るならぜひ〝たぬきつね〟に

冷やしたぬきつね

材料〈1人分〉

そば（またはうどん）………1玉
カニかま…………………1本
きゅうり
かまぼこ・ちくわ
市販の味付きお揚げ
揚げ玉
　（以上）……適量
トッピング用（しそ・みょうが・刻みのり・かいわれ大根・白ごまなど）……………適量
卵（薄焼き、半熟ゆで玉子、温泉玉子などなんでもOK）……………適量
めんつゆ……………適量

作り方

❶ 麺をゆでてザルに上げてよく水気を切り、水道水でぬめりを取って氷水でしっかり締める。

❷ きゅうりは細切り、カニかまは適当に割き、かまぼことちくわは細切りにする。味付きお揚げは細切りにする。

❸ 皿に麺と②の具、揚げ玉、卵、トッピングをのせる。好みの味に薄めておいためんつゆをかけ、わさびやしょうが、白ごまを添える。

Kozue's advice

お弁当にも応用可能です。乾麺のうどん（そば）を少し固めにゆでてお弁当箱へ（写真）。容器に入れためんつゆを凍らせて添えれば保冷剤代わりにもなります！

冷やしちくわ天うどん

揚げたてアツアツちくわのおいしさがよく分かる一品

材料〈1人分〉

うどん	1玉
ちくわ	1〜2本
天ぷら粉	適量
トッピング用（みつ葉・しそ・ゆずの皮・刻みのり）	少々
めんつゆ	適量

作り方

1. うどんをゆでる湯をたっぷり沸かし、それと並行して揚げ油を熱する。めんつゆは好みの味に薄めて冷やしておく（氷を入れておいてもOK）。
2. うどんをゆでてザルに上げ、水道水でぬめりを取ってから氷水で締める。
3. 水で薄めに溶いた天ぷら粉にちくわを通し、揚げ油で豪快に丸ごと揚げる。器に②、みつ葉、しそ、ゆずの皮の細切りをのせ、刻みのりをパラパラとかける。器の端にもたれかかるように揚げちくわ天をのせ、めんつゆを器の端から流し入れて出来上がり。

Kozue's advice

大きくて太いちくわを揚げてのせると、ドーン！ とダイナミック！ 男子には「おおっ!」と言ってもらえそう。

おうちで作ると低価格！
ブルーチーズ好きにはたまらない味

ゴルゴンゾーラ パスタ

材料〈1人分〉

お好みのパスタ……　50gくらい
ブルーチーズ（できれば
　塩気の薄いもの）…………50g
生クリーム………………　50cc
牛乳……………………　50cc
ブラックペッパー………　少々

Kozue's advice

前菜としてのパスタです。メインディッシュにするとヘビーなので、ワインのおつまみです。パスタは、チーズに負けない、厚さのある幅広のロングパスタ（タリアテッレ）やペンネなどがおすすめ。赤ワインと相性抜群ですよ♪

作り方

1. 大鍋にたっぷりの湯を沸かし、たっぷりの塩（分量外）を入れてパスタを固めにゆでる。
2. ブルーチーズを粗く刻み、鍋またはフライパンに生クリーム、牛乳と入れて、弱火でよくかき混ぜながらチーズを溶かす。
3. チーズが溶けてフツフツしているところに、ゆで上がったパスタを投入！ブラックペッパーを少々ふり、よくかき混ぜたら出来上がり。

ウニのパスタ

楽ちんなのに、豪華さ満点！
あなたにもすぐにできるはず

作り方

❶ 大鍋にたっぷりの湯を沸かし、たっぷりの塩（分量外）を入れてパスタをゆでる。

❷ ボウルなどにウニとバターを入れる。

❸ ゆで上がった①を②に入れ、ゆで汁大さじ1杯を加えてあえる。皿に盛り、コーヒー用ミルクをかけて、しそ、刻みのりなどを飾って出来上がり。

材料〈1人分〉

お好みのパスタ ………… 100g
ウニ（ビン入り）……… 大さじ2
バター …………………… 10g
コーヒー用ミルク ………… 1個
トッピング用（しそ・刻みのり・パセリ・かいわれ大根など）
……………………… 適量

Kozue's advice

ビン入りのウニは3本千円くらいで売っている安いものを手に入れましょう！ パスタは、番組では太さ1.6㎜のパスタを提案しました。分量はお好きにどうぞ。また、パスタのゆで汁は“界面活性剤”です。油ものをうまく溶かして、いい味に仕上げます。最後に皿などの上にざーっとかけると、洗剤の役割もします。お試しを！

時間のない朝でも、簡単にできる
主婦の強～い味方♪

コンビーフ オープンサンド

材料〈4人分〉

食パン	6枚切りを4枚
コンビーフ缶	1缶
玉ねぎ	1/2個
ゆで卵	1個
きゅうり	適量
マヨネーズ	適量
マーガリン	少々
塩・こしょう（または クレイジーソルト）	少々

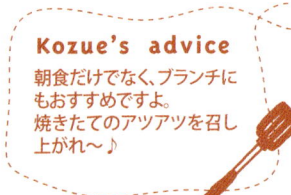

作り方

1. 食パンにマーガリンを薄く塗る。
2. きゅうりは、スライスし、玉ねぎとゆで卵はそれぞれみじん切りにしておく。
3. ボウルに、常温に出しておいたコンビーフと②を入れ、マヨネーズを加える。塩・こしょう（またはクレイジーソルト）をふり、混ぜる。
4. ①に③をのせ、あればパプリカ（分量外）をふってパンの耳がカリカリになるまでトースターで焼く。

Kozue's advice

朝食だけでなく、ブランチにもおすすめですよ。
焼きたてのアツアツを召し上がれ～♪

合格祈願！シナモントースト

あま～い香りが緊張感を和らげて受験生の夜食にピッタリ！

材料

食パン …………食べたい枚数
バター（またはマーガリン）
………………………… 適量
グラニュー糖 ………… 適量
シナモンパウダー ……… 少々

作り方

1. 食パンにバターまたはマーガリンを塗る。
2. ①の上にグラニュー糖を均一にふりかける。
3. シナモンパウダーをその上にふりかけて、トースターで焼く。

Kozue's advice

受験生にきっと喜ばれるはずの一品です。焼いている時のイイ香りは、リラックス効果もありそうですよ♪
夜食はもちろん朝食や軽食にもおすすめ。受験の朝も脳に直行！ 糖質を食べさせてあげてね！

ベーコン・レタス・トマトの黄金コンビ
ブランチやお弁当にもＧＯＯＤ！

すっごい簡単！ Ｂ・Ｌ・Ｔサンド

材料〈1～2人分〉

食パン（8枚切り）………… 3枚
レタス…………………… 適量
ベーコン……………… 1～2枚
トマト…………………… 適量
マヨネーズ……………… 適量
粒マスタード…………… 適量
クレイジーソルト（あれば）
……………………… 適量

Kozue's advice

リスナーのぽらんちゃんから教えてもらった簡単レシピ。何度、作ったことでしょう。息子たちはこの3枚のトーストをペロッ！と気持ちよく食べてくれます。

作り方

1. 食パン3枚をトーストし、まず1枚の片面にマヨネーズを塗る。
2. マヨネーズの面にレタスを置き、フライパンでさっと焼いたベーコンをのせる。粒マスタードも塗る。
3. ②の上に、両面にマヨネーズを塗ったパンを置く。
4. ③のパンの上にレタスを敷いて、薄切りトマトをのせる。あればクレイジーソルトをふる。最後に、片面にマヨネーズを塗ったパンをのせて完成！

鍋もの

「鍋」というと、いつも同じようになってしまう、とお嘆きのあなたに。手に入りやすい具材で違う味の鍋はいかが？ 日替り鍋もOK!

鶏とごぼうの相性のよさを再確認する
滋味あふれるほっこり鍋

鶏団子とごぼう鍋

材料〈4人分〉

鶏ひき肉………… 300gくらい
ねぎ…………………… 1～2本
おろししょうが
（またはチューブ）………… 少々
ごま …………………… 大さじ2
みそ …………………… 大さじ1
ささがきごぼう………… 1本分
鶏がらスープ ……4カップくらい
溶き卵……………… 2～3個分

作り方

❶鶏ひき肉、刻んだねぎ（③用に少し残す）、おろししょうが、ごま、みそを混ぜ合わせる（つなぎに小麦粉を足してもいい）。

❷鍋に鶏がらスープを煮立たせ、①を団子にして入れる。団子が浮いてきたら、アクを取ってごぼうを入れる。

❸ごぼうが煮えたら溶き卵を回しかけ、刻みねぎを散らす。お好みで七味唐辛子（分量外）をかけて召し上がれ♪

Kozue's advice

リスナーのはーチャンのお父さんからのレシピです。シメは雑炊やラーメン、うどんなどにしてお好みでどうぞ。しょうがは、チューブの場合は7～8cmくらい入れてね。

ジジイ鍋

シジミのだしが美味！何も付けず
シンプルな豆腐の味を楽しんで

作り方

1. シジミは砂出しをしておく。土鍋に水とだし昆布を入れてだしを取り、シジミ、酒、塩を入れて煮立てる。
2. だしが出てきたら、シジミと昆布を鍋から取り出す（残ったスープだけを鍋に使う）。
3. ②に適当に切った豆腐を並べ、強火ではなく、豆腐がゆらゆらする程度の火の強さで豆腐を温める。水菜とえのきを入れて完成。

材料〈3〜4人分〉

シジミ	2パックくらい
だし昆布（または昆布だしの素を1包）	15㎝
豆腐	2丁
水菜	1束
えのき	1袋
酒	100cc
塩	大さじ1

Kozue's advice

リスナーのくまこのははさんのレシピです。②で残ったシジミを使い、もう一品。しょうがの千切りをフライパンで炒め、香りが出てきたらシジミを投入！ ササッと炒め、オイスターソースをかければ台湾料理店で見かける小皿料理に（写真）♪ビールがすすみまーす!!

胃にやさしいお豆腐料理
あったかい汁ごと召し上がれ～

変わり湯豆腐

材料〈2人分〉

絹ごし豆腐…………食べたい分
鶏ひき肉…………200gくらい
みつ葉……………………適量
おろししょうが
（チューブでもOK）………適量
片栗粉……………………適量
A 水・酒・みりん
めんつゆ
（めんつゆがなければ、しょうゆ・砂糖・かつおだし）…適量

作り方

1. 豆腐は30分くらい水切りする。片栗粉は先に水で溶いておく。
2. 鍋にAを入れて好みの濃さ（温かいそばのつゆくらい）にしたら火にかける。沸騰してきたら、鶏ひき肉をパラパラになるように入れ、アクはすくい取る。
3. ②にしょうがの絞り汁を加え、弱火にしてから①の片栗粉を入れ（写真）、とろみを付ける。ここに食べやすい大きさに切った豆腐を入れる。上にざく切りのみつ葉をたっぷりのせ、豆腐がグラッと煮えてきたら完成。

Kozue's advice

お正月など、ごちそうを食べすぎた方におすすめ。ポイントは2つ。①とろみを付けてから豆腐を入れること！②豆腐を煮すぎない！70～80度が大豆の甘みが一番感じられる温度なんです。

豚ばら白菜鍋

豚ばらの力強さと
白菜の甘みがたっぷり

材料〈4人分〉

豚ばら肉	食べたい分
白菜	半玉くらい
だし昆布	適量
酒	適量
塩	小さじ1
大根おろし	たっぷり
刻みねぎ	たっぷり
ポン酢	適量

作り方

1. 豚ばら肉は食べやすい大きさに、白菜は鍋用のサイズに切る。
2. 鍋に水をはり、だし昆布を敷く。酒、塩を入れた中に白菜を敷き詰め、その上に豚ばら肉を敷き、白菜・豚ばら肉・白菜…と交互にミルフィーユ状態に重ねていく。
3. アクを取りながら煮込み、煮えれば出来上がり。仕上げにゆでうどんを入れて、同じタレで食べても美味（おもちも相性がいい）。

Kozue's advice

それぞれの小鉢に、たっぷりの大根おろしと刻みねぎ、ポン酢を入れて（写真）食べましょう。翌朝鍋に残った白い油はラードです。上手にすくって中華炒めに再利用すると、バツグンに美味!

グラタンやクリームシチューが好きなら
絶対にこれも好きなはず

ミルク鍋

材料〈3～4人分〉

鶏もも肉……………………2枚
白菜……………………1/4株
白ねぎ……………………2本
春菊……………………1/2束
きのこ類（しいたけ・エリンギ・
白しめじ・えのきなど）
……………………好きなだけ
レタス……………………1/2個
だし汁……………………4カップ
酒……………………大さじ2
コンソメスープの素……2～3個
牛乳……………………2カップ

作り方

1. 白菜は食べやすい大きさにざく切り、白ねぎは斜め切り、きのこ類は根元を切り落として適当な大きさに分ける。春菊とレタスも好きな大きさに切る。

2. 鍋に、だし汁（あれば昆布だしがおすすめ！）、酒を入れ、食べやすく切った鶏もも肉を煮る。肉に火が通ったら白菜と白ねぎを入れる。

3. コンソメスープの素を加え、牛乳、きのこ類、春菊、レタスを入れ、ひと煮立ちさせる。

Kozue's advice

リスナーのパンダさんからの「ミルク鍋」です。汁ごといただくので、味の濃さはお好みで。最後に塩・こしょうで調節してもOK。サケの切り身やラーメンの麺などを入れてもおいしいですよ♪

スイーツ

おいしいスイーツがすぐ手に入る時代ですが、自家製スイーツは幸せの香り！ 家族の驚く顔と歓声が、最大の賛辞ですね。

ホットケーキミックスだから
びっくりするほど簡単！

そんな バナナケーキ

材料〈パウンド型1本分〉

ホットケーキミックス	200g
バター（またはサラダ油）	80g
砂糖	大さじ2
卵	2個
牛乳	50cc
バナナ	2本
クルミやレーズン、チョコチップなど	適量

作り方

❶バターを室温に戻しておく。その間にバナナの果肉を潰しておく（ビニール袋に入れて、手でつぶすと感動的に簡単！）。卵は溶いておく。

❷バターを泡立て器などでクリーム状に混ぜ、そこに砂糖も加えて混ぜる。

❸②に溶き卵と牛乳を少しずつ混ぜ、①のバナナ、ホットケーキミックスも加える。全体をさっくりと混ぜ合わせる（レーズンやチョコチップを入れたい場合はこの段階で混ぜる）。

❹パウンド型の内側にバターかサラダ油（分量外）を塗る（オーブンペーパーを敷いてもOK。アルミ製のカップケーキ型を使ってもカワイイ！）

❺④の型に③を流し込み、クルミなどをトッピングして、180度のオーブンで約40分、様子を見ながら焼く。しっかり焼き上がったら完成！

Kozue's advice

家の中が幸せな甘〜い香りに包まれるスイーツ。写真ではチョコチップを生地に混ぜ、クルミをトッピング♪ほかにシナモン、湯でやわらかくしたレーズンなどを加えてもおいしいですよ。

夏休みの子どもが大喜び！
果物がたっぷり入った冷たいデザート

夏はやっぱりフルーツゼリー

材料〈2人分〉

果物（グレープフルーツ、オレンジ、ぶどう、すいか、パイナップル、もも、マンゴーなど）…………………………適量
粉ゼラチン …… 3袋（15gくらい）
水…… ゼラチン量に応じて適量（果実酒やレモン汁の量を差し引く。缶詰の汁は少々使用してもOK。その場合は砂糖を減らす）
砂糖……………… 150〜180g
オレンジまたはレモンリキュールなどの果実酒……大さじ2〜3
レモン汁……………… 大さじ2

Kozue's advice

生のパイナップル、メロン、キウイ、パパイヤなどには、たんぱく質を壊す成分が入っているため、生のまま使うとゼリーが固まりにくくなります。これらの果物は缶詰にするか、一度煮ておきましょう。

作り方

1. まずフルーツを用意する。グレープフルーツやオレンジは皮をむいて房から果肉を取り出し、一口大に切る。パイナップルやももなどの缶詰も一口大にする。

2. 鍋に分量の水と砂糖を入れ、中火で砂糖を溶かす。溶けたらゼラチンを入れて溶かす。この時、絶対に沸騰させないように注意！
3. ゼラチンが溶けたら冷まし、そこへ缶詰のシロップ、レモン汁、果実酒、フルーツを入れて軽く混ぜ、味見をする（やや甘めでOK）。好きな器やタッパーに入れ、冷蔵庫で冷やし固める。

ガトーショコラ

ホットケーキミックスとココアで
あっという間に完成

材料〈18cmケーキ型1個分〉

卵	3個
バター	60g
砂糖	120g （甘さ控えめなら、もっと少量でもOK）
生クリーム	70cc
ホットケーキミックス	50g
純ココア	50g
粉砂糖	少々

作り方

1. 卵は室温に戻し、卵黄と卵白に分ける。バターはレンジで溶かしておく。ホットケーキミックスとココアを混ぜる。
2. ボウルに卵黄と砂糖80g（全体の2/3）を混ぜる。そこへ溶かしたバターと生クリームを入れて混ぜる。そこにホットケーキミックスとココアも加え、混ぜていく。
3. 別のボウルに、卵白と残りの砂糖を入れメレンゲを作る。角が立つまで泡立てる（電動泡立て器が便利）。
4. ②のボウルに③を少しずつ加え、さっくりと混ぜる。ケーキ型に流し入れ、170度のオーブンで約40分焼く。冷めたら粉砂糖をふる。

Kozue's advice

リスナーの、のんびりママさんのレシピです。型はどんなものでも作れます。

サッと作れてめちゃおいしい！
バター＆シナモンの相性も抜群

焼きバナナアイスクリーム

材料〈1人分〉

バニラアイスクリーム …………………… 食べたい量
バナナ …………………… 1/2本
バター …………………… 適量
粉砂糖 ………………… 少々
シナモンパウダー ……… 少々

作り方

❶バナナは厚めの斜め切りにする。

❷加熱したフライパンにバターを溶かし、バナナを入れて軽く焦げ目が付くまで焼く。

❸器にバニラアイスクリームをのせ、焼きバナナを添える。シナモンパウダーと粉砂糖をふりかけたら完成!!

Kozue's advice

あればレーズンやミントの葉をトッピングするとちょっと豪華になりますよ♪粉砂糖がない場合は、市販のプレーンヨーグルトに付いてくる砂糖で代用できます。

不思議にピーチパイ

缶詰とパイシートだから超簡単！
ホイップを添えれば、より豪華に

作り方

❶パイシートを２枚重ね、パイ型の底に収まる大きさに伸ばす。フォークで穴を開けて型に敷き、ふちの大きさに合わせてハサミ等でぐるっと切る。

❷くし型に切った桃を、パイ生地の上にぐるっと並べ干しぶどうを散らす。

❸かぶせるパイ生地も①と同様に２枚重ねて伸ばし、穴を開けて②にかぶせる（ふちは卵白で糊付け）。残ったパイを伸ばし、リボンにして型のふちに飾り、卵白で糊付け。表面全体に卵黄をハケで塗る。

❹③をオーブンにのせる皿（または鉄板）ごと冷蔵庫で30分冷やす。その間にオーブンを200度に温める。温まったらオーブンで一気に焼き、膨らんだら170度くらいに下げていい色になるまで焼く。焼き上がったら表面にジャムを薄く塗る。

材料
〈直径18cmのパイ型1つ分〉

冷凍パイシート…………1袋
缶詰（白桃＆黄桃）‥‥1缶ずつ
レモン汁……………… 少々
干しぶどう…………… 少々
（ぬるま湯でふやかしておく）
卵……………………… 1個
ジャム（アンズやリンゴなどのさっぱり系）……… 適量

Kozue's advice

具が缶詰なので、すぐできます。私は夕食の支度をしながらとか、後片付けをしながら作っちゃいます！

アンブラン

リスナーさんのレシピをアレンジ
あんこと生クリームを合わせた
モンブラン

材料

生クリーム	100g
市販のこしあん	100g
カステラ	少々
栗の甘煮（あれば）	1人1個
黒豆（あれば）	少々

作り方

1. 生クリームを八分立てに泡立てる（角が立つけど、てっぺんがフニャッと曲がるくらい）。
2. ボウルに市販のこしあんを入れ、①の1/3の量を入れて混ぜる。
3. 残りの生クリームも加え、ふわっと混ぜたら絞り出し袋に入れる。器に適当に切ったカステラを入れ、その上にクリームを絞り出す。トッピングに栗の甘煮と黒豆をのせる。

フローズンヨーグルトケーキ

超簡単！しかも低カロリー
材料を混ぜて凍らせるだけ

材料

生クリーム	100cc
プレーンヨーグルト	100cc
砂糖	40g
ミカン・パイン・黄桃などの缶詰	130g
レーズン（お好みで）	適量
ビスケット	5枚くらい

作り方

1. 500ccくらいの型を用意し、この容器の内側にクッキングシートで型紙を作る。
2. ビスケットは適当に砕き、缶詰のフルーツは2cm角くらいに切る。
3. ボウルに生クリーム、砂糖を加え、とろりとするまで泡立てる（しっかり泡立てなくてOK）。そこにヨーグルト、ビスケット、フルーツ、お好みでレーズンを加え、ざっと混ぜる。
4. 容器に流し入れ、冷凍庫で3〜4時間冷やす。固まったら型紙ごと取り出して好きな大きさに切る。

あとがき

我が家の食卓にのぼる料理たち、いかがでしたか？ どれも簡単でしょう？ 普段、調味料などは大さじ1とか何ccとか、分量を計って調理していないので、「このくらいかな？」という程度の表記です。あなた好みの味に変身させてくださいね。

番組ホームページに載せていた写真のほとんどが私のケータイで撮影したものだったため、本にするにあたり、改めて作って撮影したメニューがたくさんありました。我が家だけでは間に合わず、番組スタッフやその奥さまも協力してくださいました。

出版にあたり、携わってくださったすべての皆さまにこの場を借りてお礼を申し上げます。

そして何より、「何食べ」を聴いて、「作ったよ。おいしかったよ！」とメッセージをくださったリスナーの皆さま、励みになりました。ありがとうございました。レシピはもっとあります。続きは番組で！

中村こずえ

企画・編集
静岡新聞社 出版部

料理撮影
fourseason　望月やすこ
（P13、15、27、29、30、43、46、59、71、78、81、89、91、
101、103、112、121、122）

調理＆撮影
中村こずえ、遠山由美、静岡新聞社出版部
静岡放送ラジオ局「ほのぼのワイド」スタッフ

デザイン
komada design office

レイアウト
エスツーワークス

中村こずえの　今夜、何食べたい?!

2011年 5月26日　初版第1刷発行
2015年 7月17日　初版第8刷発行

静岡新聞社　編
発行者　松井　純
発行所　静岡新聞社
〒422－8033
静岡市駿河区登呂3－1－1
TEL:054-284-1666

印刷・製本　図書印刷株式会社

ISBN978-4-7838-0765-0　C0077

＊定価は裏表紙に表示してあります。